KanColle Pictorial Modeling Guide 2
Visual Reference of IJN Warships for KanColle "Admirals"

艦これ ピクトリアル モデリングガイド 2

『艦これ』提督のための艦船模型ガイドブック

ネイビーヤード編集部／編

©2015 DMM.com POWERCHORD STUDIO / C2 / KADOKAWA All Rights Reserved.

大日本絵画

KanColle Pictorial Modeling Guide 2
Visual Reference of IJN Warships for KanColle "Admirals"

艦これピクトリアル モデリングガイド 2

『艦これ』提督のための艦船模型ガイドブック

「艦これ」が大ヒットしたおかげで艦船模型の世界でも大きな変化が起きました。古くから艦船模型を知っている方が「え！ こんなマイナーなものまで！？」と驚かれるようなキットが次々と発売されています。新しく艦船模型をはじめる方も増えました。本書は2014年5月に発売された『艦これピクトリアルモデリングガイド』の続編です。前巻では艦船模型の楽しさを少しでも知っていただくきっかけになってほしいと思い、艦娘に縁のある艦船模型を紹介しました。本書は前回収録することができなかった2013年秋イベント以降に登場した艦娘を中心に模型を選択し紹介します。本書により艦船模型に少しでも興味を持つ方が増えることを願っています　　　　（編集部）

目次 CONTENTS

戦艦編
　大和型戦艦 …………………………………………… 4
　日本海軍が建造した5タイプ12隻の戦艦プロフィール … 8
軽巡洋艦編
　阿賀野型巡洋艦 ……………………………………… 10
　軽巡洋艦大淀 ………………………………………… 14
　ひと目で分かる！ 模型で見る日本海軍軽巡発達史 … 16
　水雷戦隊を援護せよ！ 巡洋艦たちが装備する主砲一覧 … 17
練習巡洋艦編
　香取型巡洋艦 ………………………………………… 18
駆逐艦編
　陽炎型駆逐艦 ………………………………………… 20
　秋月型駆逐艦 ………………………………………… 24
　大戦中に建造された日本海軍の駆逐艦シリーズ …… 26
　小さな船体に武装を満載駆逐艦の装備する兵装一覧 … 27
　お手軽工作で艦船模型をディテールアップしてみよう！ … 28
駆逐艦 天津風編

航空母艦編
　航空母艦大鳳 ………………………………………… 34
　雲龍型航空母艦 ……………………………………… 36
　航空母艦龍鳳 ………………………………………… 38
　"軽"からはじまる空母建造ガイド ………………… 40
　軽空母艦 龍驤編
　艦上機・艦載機 ……………………………………… 48
艦これサーバ所在地MAP …………………………… 50
潜水艦編
　伊400型潜水艦 ……………………………………… 52
　遣独潜水艦作戦 ……………………………………… 54
特務艦・陸軍船編
　工作艦明石／陸軍特種船あきつ丸／潜航輸送艇まるゆ … 56
外国艦編
　戦艦ビスマルク／重巡洋艦プリンツ・オイゲンほか … 58
1/700 艦隊これくしょん -艦これ- プラモデル
キットカタログ2015年春 …………………………… 62

本書で紹介した商品の値段は2015年4月時点の税別価格です。商品によっては流通在庫のみのものもあります。また模型写真は製作者によるディテールアップが施されています。
全てのデータは編集部調べによるものです。

戦艦編

大和型戦艦

日本海軍が建造した最後にして最強の戦艦、大和型二番艦が武蔵なのだ。史上最強の46㎝三連装砲塔を3基備え、さらに46㎝砲に対応する防御力を備えたその戦闘力を超える戦艦はいまだに存在しない。水上砲戦なら任せておけ。この武蔵の主砲、伊達ではないぜ！

日本海軍最後の戦艦にして最強の存在
大和型戦艦二番艦、武蔵。参る！

武蔵（ムサシ） 1944 レイテ沖海戦時

模型的には大和に比べてやや存在感の薄い武蔵。ただ、当時トラック泊地を経由して北へ南へと行き来する大小艦艇に対し放つ連合艦隊旗艦としての威容は大和を大きくしのぐものがあった。マリアナ沖海戦直前に2、3番副砲を撤去、対空兵装を強化された姿は鉄桶の陣の様相を呈していたが、雲霞のごとき航空攻撃の前にシブヤン海へと消えていった

日本海軍戦艦 武蔵
タミヤ 1/700 インジェクションプラスチックキット
製作 細田勝久

戦艦同士の砲戦から対空戦闘まで 最強戦艦の最後の戦装束

12.7cm連装高角砲
弾幕を張り敵機を寄せ付けない

日本海軍の多くの大型艦が搭載した中距離対空火器がこの八九式12.7cm連装高角砲。武蔵では新造時から爆風よけシールド付の6基計12門が搭載されており、対空兵装強化後もこの数は変わらない

25㎜三連装機銃
汎用性高い近接防御用対空火器

日本海軍で最もポピュラーな対空機銃。武蔵は新造時に爆風よけシールド付の三連装機銃を8基搭載しており、竣工後間もなく2、3番副砲前後にシールドなしを1基ずつ増備したほか、次々と追加搭載されていった

22号対水上電探
ふたつのラッパで敵影を探る

"電磁ラッパ"と呼ばれる独特なアンテナが特徴の水上見張り用レーダー。戦艦や巡洋艦などの大型艦では戦闘艦橋左右に1基ずつ搭載している様子が見受けられる。上のラッパで電波を投射し、他方で目標からの反射波を受信する構造だ

21号対空電探
艦橋トップに据えた電波兵器

大和型戦艦のアイコンのひとつともいえるのが測距儀上に搭載された金網状のこのアンテナ。用途は対空用で、およそ100㎞先を飛ぶ編隊を捕捉できた。大和型のものは右が投射用、左が反射波受信用となる

15.5cm三連装砲
最上型軽巡の主砲を着る

かつての最上型軽巡の主砲身をリサイクルして搭載したのがこの副砲。最大仰角は75度に引き上げられ（異説あり）、三式弾と併せて遠距離対空戦闘にも使用できるようになっていた。ただし対弾性に疑問があり、これを弱点とする説もささやかれる

46cm三連装砲
圧倒的破壊力をとくと見よ

文字通り史上空前にして絶後となった大和型戦艦の46サンチ砲は、防諜上の理由から「九四式40サンチ砲」と呼称された。志半ばシブヤン海で沈んだ武蔵はサマール沖で主砲の威力を発揮することはかなわなかったが、対空戦闘に威力を発揮している

出撃 71年ぶりにシブヤン海で突き止められた武蔵最期の地

2015年3月に突如として発表された「戦艦武蔵シブヤン海で発見！」の報はここで改めて述べるまでもないだろう。マイクロソフト社の創業者のひとりであるポール・アレン氏率いる海底探査チームがその様子を動画サイトで発表したことにより、我々ひとりひとりがいい意味で歴史の立会人として利用された形となった。そもそもシブヤン海の水深は1000mあり、この海底探査をするには深海潜水艇の準備や専門のスタッフをそろえるなど国家単位の資金を投じたプロジェクトが必要なはずだった。これをアレン氏が私費でまかなったのだというから驚きだ。これまでに公表された映像で副砲やシールド付25mm三連装機銃の形状、艦橋部分の様子、飛行作業甲板などを目にすることができたが、今後は艦尾の形状の再確認や、巷間ささやかれる噴進砲の搭載の有無、またこれまで知られていなかったディテールについての新発見が待たれる。

開発 パゴダマストから塔状艦橋へ 日本の戦艦の艦橋構造の変化

長門 1922 **長門 1944**

複雑な艦橋構造は日本海軍の戦艦を特徴づける要素のひとつ。各艦の新造時、例えば伊勢型までは3脚櫓（マスト）、長門型で6脚（本当は中心に1本あるので7脚）となったが、第1次改装、第2次改装により近代化が図られた際に様々な機器を増設されたためパゴダマストと呼ばれる形になったのだ。だが、大和型戦艦では艦橋を鉄板で覆った"塔状"に設計されている。これは46cm砲の発射時の爆風で艦橋に装備された精密機器が破損することを避けるためだった。なお、パゴダももともとは同じ"塔"の意味だがニュアンス的には前記したような案配で使い分けられている

▲新造時の長門型戦艦は6脚の前櫓となり、伊勢型までの3脚櫓からは対弾性が大幅に向上した

▲砲戦距離の増大や海戦の様相の変化により、日本戦艦の艦橋は次々と機能を追加され複雑な形状となった

▼真打ち大和型戦艦の艦橋はお馴染みの塔状。これは主砲発砲の猛烈な爆風をよけるためであった

◆金剛型の比叡は練習戦艦から一足飛びの近代化改装で、大和型戦艦の塔状艦橋のテストベットとなる

比叡 1941 **大和 1945**

戦艦編 大和型戦艦

開発 時代の趨勢にあわせて対空兵装を強化 25mm機銃は24門→162門に！

大和 ヤマト 1943 トラック泊地

大和型戦艦の竣工時にはシールド付の25mm三連装機銃が艦橋基部と後部艦橋周囲に4基ずつ搭載されていた。これは急降下爆撃機や雷撃機を撃墜するというよりも、建造当時に懸念された「艦橋部に対する銃撃に抗するため」であった。武蔵では竣工後しばらくして、大和では1943年にトラックから日本本土へ帰還した際に2、3番副砲の前後にシールドなしの三連装機銃が増設され、21号電探も搭載されている（写真の状態）。これを製作する際にはWLシリーズNo.114の武蔵のキットを利用しよう

大和 ヤマト 1944 捷一号作戦時

1944年1月に大和は徹底的な対空兵装の強化を図られた。2、3番副砲を撤去して高角砲座を設け、12.7cm連装高角砲を6基搭載したほか25mm3連装機銃、同単装機銃も増設。その際、シールド付の3連装機銃は上甲板の増設機銃座へと移設される（高角砲のシールドも新設の高角砲座への分へ移設）。高角砲や機銃の増備に伴い、これらを管制射撃するための高射指揮装置、機銃指揮装置も増えている。後部マストには13号対空電探も増備されている。この状態はWLシリーズNo.113の大和から製作可能

武蔵 ムサシ 1944 捷一号作戦時

武蔵は1944年4月に対空兵装強化の工事を実施した。ただ、その工期はわずかに20日に満たず、2、3番副砲の撤去や高角砲座の増設は行なったが、12.7cm連装高角砲の搭載や増設した25mm三連装機銃へのシールドの移設はできないままリンガ泊地へ進出する。マリアナ沖海戦後、内地へ帰るやすぐにリンガ泊地へ追いやられた大和と武蔵は、ほぼ同じ仕様で捷一号作戦に向かった。これが武蔵最期時の状態といえるが、これはやはりWLシリーズNo.113の大和を利用すると簡単に製作可能だ

大和 ヤマト 1945 天一号作戦時

捷一号作戦で苛烈な航空攻撃にさらされた大和は、内地へ帰還すると戦訓を活かしたさらなる対空兵装強化を実施した。25mm単装機銃が大幅に削減されたのも戦訓を受けてのもので、代わって同三連装機銃を多数増設したさまは檜すますのようだ。主砲塔上や艦尾の増設機銃は首尾線を狙って襲いくる急降下爆撃機対策といえる。艦尾のクレーンと一体化していた無線檣は対空射撃の邪魔になるとのことで撤去されている。これが大和最終時の姿で、これはもちろんWLシリーズNo.113の大和を利用する

艦これはみだしコラム　大和型の対空火網は突出していた？／航空攻撃を前にあえない最期を遂げた大和型は大艦巨砲主義の権化ともいうべきだが、そのせいであまり注目されないのが卓越した対空砲火の布陣。竣工時でさえ12.7cm連装高角砲6基12門を装備しておりこれは空母をのぞその他に類を見ない強力なものだった。また25mm3連装機銃8基24門というのも異例な数だ。防空艦として位置づけられる駆逐艦秋月でさえ、竣工時には25mm連装機銃を2基しか搭載していないのである。その後の強化ぶりは上記の通り。いわば総力戦の波に飲み込まれていったのだ

大和と武蔵 見分けるポイントはどこ?

大和

同型艦とはいえ常に試行錯誤がくり返されて建造され、ネイバルホリデーを経て長い期間のうちに近代化改装がなされていた日本海軍の超ド級戦艦(金剛型以降)は、それぞれを見分けるための特徴が多々あったが、伊勢型や長門型になるとその相違点が少なくなり、完成形ともいえる大和型では外観上の目立った違いはほぼなくなった。

両艦の竣工時でいえば艦橋後面に設けられた旗甲板から昼戦艦橋へと続くラッタルの形状が、大和の場合は踊り場が多く、武蔵は少ないというくらい。これは折り返し地点が多いよりも一気に駆け上がったほうが便利だったからという説がある。また、旗甲板左右の30cm信号灯の設置法にも違いが見られた。このほかの点では後部の飛行作業甲板に設けられた通行帯の敷設法の違いが指摘される(下写真参照)。

大和と武蔵が大きく外観を変えたのは左ページで紹介したように1944年1月から4月の間に2、3番副砲を撤去して対空兵装を強化してからだ。充分な工期を取れた大和は増設した高角砲座に12.7cm連装高角砲を搭載するだけでなく、もともと高角砲や三連装機銃に付いていた爆風よけシールドをより影響の受けやすい"艦の外側"の増設分へと移設することができたが、武蔵は工期短縮のため高角砲自体の増設ができず、25mm三連装機銃などを積んだだけでシールドの移設は実施されないまま工事完了とせねばならなかった。この時期の識別ポイントはまさにこのあたりだ。

ただ、当の乗員たちにとっては、やれヤードの位置が違うとかどこどこの形状が違うという理由で見分けるのではなく、「艦が醸し出すオーラで何となく自分の乗艦がわかる」もんなんだという。

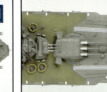
大和

武蔵

武蔵

工廠 大和型戦艦を超えるさらなる巨艦 51cm砲搭載の紀伊型戦艦はこうなった?

大和型4隻(3番艦「信濃」、4番艦「第111号艦」)の次に計画されていたのが「改大和型」と呼ばれる46cm砲搭載戦艦だが、その次に計画されていたのが「超大和型」と呼ばれる51cm砲搭載戦艦だった。細部の設計が固まる前に計画自体が消滅したので不明な点も多いが、大和型とほぼ同じ艦体に51cm連装砲塔6基を搭載、高角砲は新式の長10cm砲(秋月型駆逐艦と同型式)になったものと推測される。

就役時から改へ イラストはここが変わった

大和と同様、艦これに登場する艦娘の武蔵は最強戦艦にして超ド級の大飯ぐらい。その出で立ちは46cm三連装主砲3基を背に、15.5cm三連装副砲4基を左右に従えたものものしい様相だ。これは実艦の竣工時の姿をモチーフとしたものといえよう。ゲームが進んで「改」となると左右の副砲が1基ずつ減り、代わってシールド付12.7cm高角砲となるのは実艦と異なる部分(前述の通り、武蔵は高角砲座に25mm三連装機銃を搭載した。シールド付12.7cm高角砲は竣工時から搭載している)だが、副砲を減らして対空兵装を強化したことを表すための演出だろう。実艦でも当初は大和と同じく12.7cm連装高角砲を増設する予定だった。また赤を基調としたコスチュームが同じ「改」となりダークグレーに変わるのは、捷一号作戦時に木甲板を暗色で塗装したことを受けてのものと思われる。

大和型戦艦模型紹介プラス 建造

新コンセプトのフジミの1/700新キット

フジミはすでに特シリーズと呼ばれる大和型戦艦のキットを開発しているがこの度、艦NEXTシリーズという新コンセプトの大和を開発した。これは基本的に接着剤不要のスナップフィットモデルでしかもパーツは多色成型となり塗装も不要という内容。その上これまでの特シリーズで培った精密ディテールの再現も両立した構成だ。価格は税別3800円(キットはフルハル、洋上模型仕様選択可能)

手軽な初心者向けから精密派まで満足の大スケールキット

既存の1/700キットは前著で紹介したが近年各メーカーから大スケールの大和が次々と発売されている。ハセガワからは1/450。パーツ数を抑えた構成でとくに初心者向けに配慮したキット。2013年発売で価格は税別4500円。フジミの1/500は精密ディテールに重点を置いた構成で2011年に税別8800円で発売された。こちらはレイテ沖海戦時や超大和型などのバリエーションもある。タミヤの1/350は精密感と作りやすさを兼ね備えたキットで初心者からベテランモデラーまで満足させられる内容だろう。2011年発売で2万3000円

艦これはみだしコラム 建造上の2番艦が運用上の1番艦になる!?/マシンやメカというのはあとからできたほうが新しく、また従前のものより改善されているというのが当たり前。軍艦の場合でも同様で、例えば1番艦として建造された船の各部を直し、旗艦設備を付与されて2番艦が建造されるというのが慣例だ。大和型の場合も同様で、2番目に建造された武蔵には大和にはない旗艦設備が竣工当初から盛り込まれている(同様な例に翔鶴型空母など)。当然、建制上は旗艦たる武蔵が1番艦となるから、大和は2番艦となることに、逆転現象が生じることになる

戦艦編

日本海軍が建造した5タイプ12隻の戦艦プロフィール

日本海軍が開戦時保有していた戦艦は金剛型、扶桑型、伊勢型、長門型の4タイプ10隻、これに開戦後に加わった大和型2隻が加わり12隻の戦艦が戦った。ここでは日本海軍の戦艦5タイプについて簡単に紹介してみよう。模型を並べて見ると戦艦の進化の様子が見て取れる？

金剛型戦艦 もっとも旧式、でも自慢の高速を活かしていちばん活躍した元気な四姉妹

日本海軍戦艦 金剛
フジミ 1/700
インジェクションプラスチックキット
製作／野々上秀樹

◀金剛型は太平洋戦争に参加した12隻の戦艦のなかでは一番古い型式で、主砲口径こそ35.6cmだったが、イギリス海軍巡洋戦艦の流れを汲む快速や先見性のある砲配置などにより改装の余地も多く有しており、海軍軍縮条約失効後、2度にわたる近代化改装を受けて高速戦艦として生まれ変わった！ 太平洋を縦横無尽に疾駆し、空母機動部隊の直衛などに大活躍した、もっとも使い勝手のよいタイプだ。金剛のみイギリスで建造

コンガウ 金剛　ヒエイ 比叡
ハルナ 榛名　キリシマ 霧島

扶桑型戦艦 脚が遅くて自慢の火力を発揮できなかった不幸姉妹

日本海軍戦艦 扶桑
フジミ 1/700
インジェクションプラスチックキット
製作／野々上秀樹

◀35.6cm連装砲塔6基を首尾線上に配置した姿がものものしい扶桑型は、超弩級戦艦の第1グループに位置する型式だったが、その攻撃力はともかく、防御区画が長大であること、機関出力の向上が困難であるなどの理由で、2度にわたる近代化改装を受けても一般的なWW2型戦艦に比べ最高速は一段低く防御力も不足していたのが難点だった。それでも空母不足に悩む状況で、伊勢型とともに航空戦艦化が計画されていた。

フサウ 扶桑　ヤマシロ 山城

伊勢型戦艦 戦艦から航空戦艦へと華麗にクラスチェンジ。夢の戦艦×空母を実現

日本海軍戦艦 日向
ハセガワ 1/700
インジェクションプラスチックキット
製作／細田勝久

◀伊勢型は扶桑型の主砲塔の配置を改善して防御力を向上させたタイプといえ、主砲口径は35.6cmのままだ。これはちょっとした違いのようだが、その後の発展のポテンシャルを有することとなり、近代化改装により最高速度は25ノットにまで向上、一応、WW2型戦艦の末席に加わることができた。ミッドウェー海戦後に航空戦艦に改装されたことは周知の事実だが、12.7cm連装高角砲を8基と、対空火力も大幅に増強されていた

イセ 伊勢　ヒウガ 日向

長門型戦艦 ビッグセブンの名は伊達じゃない。近代化改装により攻防ともにパワーアップ

日本海軍戦艦 陸奥
フジミ 1/700
インジェクションプラスチックキット
製作／川合勇一

◀八八艦隊計画戦艦のトップバッターとして建造された長門型は41cm主砲を8門搭載。ただし、ワシントン軍縮条約に間に合わせて竣工させた（ホントはやっつけ工事だった）2番艦陸奥の存在はイギリスに2隻、アメリカに3隻の16インチ砲搭載戦艦の保有を認めさせることとなり、この7隻をしてビッグセブンと並び称されるようになる。長らく連合艦隊旗艦を勤めたこともあり、戦前の日本国民にもっとも愛された姉妹といえよう

ナガト 長門　ムツ 陸奥

大和型戦艦 伝説の最強戦艦降臨。史上最強の46cm砲の威力の前にひれ伏せ

日本海軍戦艦 大和
タミヤ 1/700
インジェクションプラスチックキット
製作／細田勝久

◀46cm主砲9門を搭載した大和型の存在は最大最強の戦艦として広く知られているが、戦中は軍機扱いとしてその名は世間一般には伏せられており、知名度は最も低かった。最大射程距離は水平線のはるか向こうにまで延伸したため艦橋トップの測距儀では目標を捉えられない。これは実際には有視界距離での破壊力を重視していたようだ。ワシントン、ロンドンのふたつの軍縮条約後に建造、竣工させた戦艦は、じつはこの2隻のみだ

ヤマト 大和　ムサシ 武蔵

艦これはみだしコラム　近代戦艦は走攻守にバランスが取れてなきゃダメ／主砲直径はもちろんのこと、その門数が攻撃力のバロメーターになるのは様々な艦種に共通するが、近代的な戦艦の評価は決してそれだけで定まらないことを教えてくれるのが扶桑型の存在。35.6cm連装砲塔6基12門はどう見ても金剛型の4基8門より強そうなマッチョ、「日本海軍にこんな戦艦があったのか!?」とわくわくさせられる。だが、実際には防御力に欠け、速力も満足に向上できずにスリガオ海峡に消えていった。アメリカ戦艦の例を見れば、ひとえに用兵にかかるともいえるのだが

開発 水上砲撃戦こそ海戦の華 戦艦たちが装備する主砲一覧

戦艦の役割はガチンコの殴り合い、水上砲戦だ。砲弾を大遠距離の目標に送り込むためのプラットフォームとして船体は存在し、機動するために強力な機関を搭載していた。ここではそんな戦艦の主砲について解説しよう

35.6cm砲

太平洋戦争に参加した12隻の戦艦のうち、金剛型、扶桑型、伊勢型のじつに8隻が搭載していたのがこの45口径35.6cm砲。口径が端数なのはもともとイギリス式で「14インチ」で計算して開発されたからだ。金剛型の新造時の主砲仰角は20度だったが、1920年の改装(いわゆる第1次近代化改装の前)で33度まで引き上げられ、最大射程は2万8600mにまで延伸したが、第2次近代化改装ではさらに43度まで引き上げられ、3万5430mとなった(他の艦にも順次同様の改修がなされた)。なお、ここではインチとcmの違いが明確に攻撃力の差となるため「35.6cm砲」と表記したが、当時の海軍内部ではいちいち35.6cmなどとは言わず(表記もせず)、もっぱら「36糎砲」と表記あるいは「さんじゅうろく・さんち・ほう」と発音した。

英国生まれの、戦艦にももっとも広く使われた主砲

41cm砲

日本海軍の超弩級戦艦の第2グループともいえる長門型戦艦が搭載したのが45口径41cm砲。これはイギリスのクィーンエリザベス級戦艦の15インチ(38.1cm)砲をしのぐ攻撃力を得るためとして日本独自で開発されたもので、そのためインチ表記の40.6cm(16インチ)ではなく、実際に口径を41cmとして設計されていた。新造時から仰角は30度でかけられ、最大射程は3万300mとなっており、それが改装により43度まで引き上げられた結果、3万8430mまで増大。これでは艦橋トップからの砲戦観測が困難となるため、弾着観測機の必要性が急浮上する運びとなったのは皮肉なもの(ただし、実際の砲戦距離は3万m程度を想定していた)。長門型の主砲は先述の通り41cmだったが、ワシントン条約で戦艦の主砲口径の上限が16インチと規定されることとなったため、表向きは40cmと公表され、海軍内でも「40糎(さんち)砲」と称されて親しまれた。

ビッグセブンの象徴ともいえる呉海軍工廠製主砲

46cm砲

数的不利を克服するするためとして日本海軍が戦艦に46cm砲を搭載しようともくろんだのは案外と古く、八八艦隊計画の13号戦艦型で連装砲塔4基搭載が検討されてからだが、実際に実現したのは大和型戦艦の建造によるものだ。最大射程は4万2000mですでに艦橋トップからの肉眼での視界からはるか先に弾着する距離を想定していたが、これは弾着観測機を利用したアウトレンジ砲戦をするというよりも、破壊力を優先したものであった。実際、サマール沖海戦ではほぼ水平射撃という状況でその威力を遺憾なく発揮、またとどめとはいえ三式弾の開発による対空射撃でも絶大な威力を見せつけた。大和型の主砲口径の実際の数値は伏せられ、海軍内においても「九四式41糎砲」と通されている。なお、一見して問題がないように見える三連装砲塔だが、じつは真ん中の砲に対する砲尾の設計など多くの困難を乗り越えての戦艦砲塔としての実現であった。

すべての装甲を打ち破る王道進化を遂げた最強主砲

38cm砲

ドイツ海軍のビスマルク型戦艦が搭載した主砲が52口径38cm砲。これもイギリスの38.1cm砲とは異なり、メートル法で設計されたものだ。直径こそ見劣りがするが、最大射程は3万6520mと長門型に準じたものといえ、実際、ビスマルクがイギリス戦艦プリンスオブウェールズ、同巡洋戦艦フッドと1対2の砲戦を展開して互角に亘りあったこと

ドイツ戦艦の主力砲

でもその力は実証されているといえる。28cm砲を搭載していたシャルンホルスト型戦艦も本砲への改装を計画していた。なお、ドイツの口径長は砲の先端から薬室までを計算に入れるため、その他の国々と同じ条件で換算すると47～48口径というのが妥当な数値。

51cm砲

大和型、改大和型に続く超大和型として計画された戦艦の搭載砲として予定されていたのが51cm砲。かくも巨大な主砲の開発は、自軍の有する戦艦と同じ規模のもの(すなわち46cm砲搭載戦艦)をアメリカも建造するであろうという考えから浮上してきたものだ。

艦のサイズの制約もあり、三連装ではなく連装砲塔3基を大和型と同じような配置で搭載する予定で進められていたという。実際に完成していた砲は終戦後に接収され、アメリカへ本国へ運び込まれたというが、その後の消息は不明となっている。

最強主砲をさらに上回る大艦巨砲主義の到達点

出撃 主砲も大切だけど砲弾も大事 幻の水中弾効果で敵艦の脇腹をえぐれ

艦船に限らず大砲の射撃というのは目標に対し遠弾(自分から見て目標の向こう側に弾着)や近弾(同じく手前に弾着)となったのを修整して2発目、3発目に命中させるのが第2次世界大戦までの一般的な方法だった。ところが、ワシントン軍縮条約で破棄されることとなった未成戦艦土佐を標的(ほかに安芸も使用)に用いた長門型戦艦の実射射撃で、近弾となった砲弾が、偶然にも水中をほぼ水平に直進して土佐の舷側をぶち破り、機関室で爆発、およそ3000トンの浸水を招くという結果をもたらす(安芸の場合はそのまま撃沈)。これが水中弾効果と呼ばれるもので、確実に目標に命中させずとも、近弾により魚雷のように水線下への攻撃をすることが可能との考えが日本海軍に生まれる。この水中弾道を考慮して開発、実用化されたのが「九一式徹甲弾」であり、戦艦だけでなく重巡洋艦用の砲弾も開発されている。このため日本海軍の戦艦は水中防御も重視された

九一式徹甲弾による水中弾効果とは

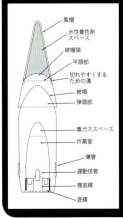

▲未成戦艦土佐に命中した近弾の水中弾道を考察した結果、図のような角度と位置関係にあったことがわかった。これにより、日本海軍の戦艦は水線下への防御力を見直さなくてはならなくなった。◀「九一式徹甲弾(一式弾もほぼ同様)」のカット図。弾着角度が4度を超えると着弾時のショックで風帽と被帽はちぎれ飛び、平頭部となって水をかき分け舷側へ命中、遅発信管により敵艦内で爆発して損傷を与える。日本海軍の砲術科の権威である黛治夫氏(サマール沖海戦の時の利根艦長だ!)は戦後その著書のなかで「九一式徹甲弾は世界超特級の絶品」と評している。

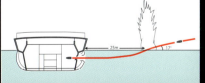

艦これ はみだしコラム それでも活躍した旧式戦艦/ワシントン軍縮条約により金剛型以前の戦艦は全て廃棄されるか戦艦として使用できないようにされたが、そうした旧式艦のうち、太平洋戦争時にも存在した艦があった。有名なのは標的艦として改造された摂津(河内型)。日露戦争時の老雄朝日は工作艦として、同じく富士や敷島は機関や武装を撤去して宿泊艦に使用されていた。朝日は戦没したが他の艦は終戦直前の空襲で大破着底などの状態で終戦を迎えている。これは、丈夫に作られている戦艦ならではの艦齢の長さからくるものだ

軽巡洋艦編

阿賀野型巡洋艦

旧式化した5500トン級軽巡に代わる次世代の新鋭軽巡として建造されたのが私たち阿賀野型四姉妹なの。強力な雷装や艦載機による偵察能力、新型高角砲などを備えた阿賀野は理想的な水雷戦隊旗艦として駆逐艦たちを率いて活躍するはず。
スマートな船体に見とれてないで一緒に出撃しましょう！

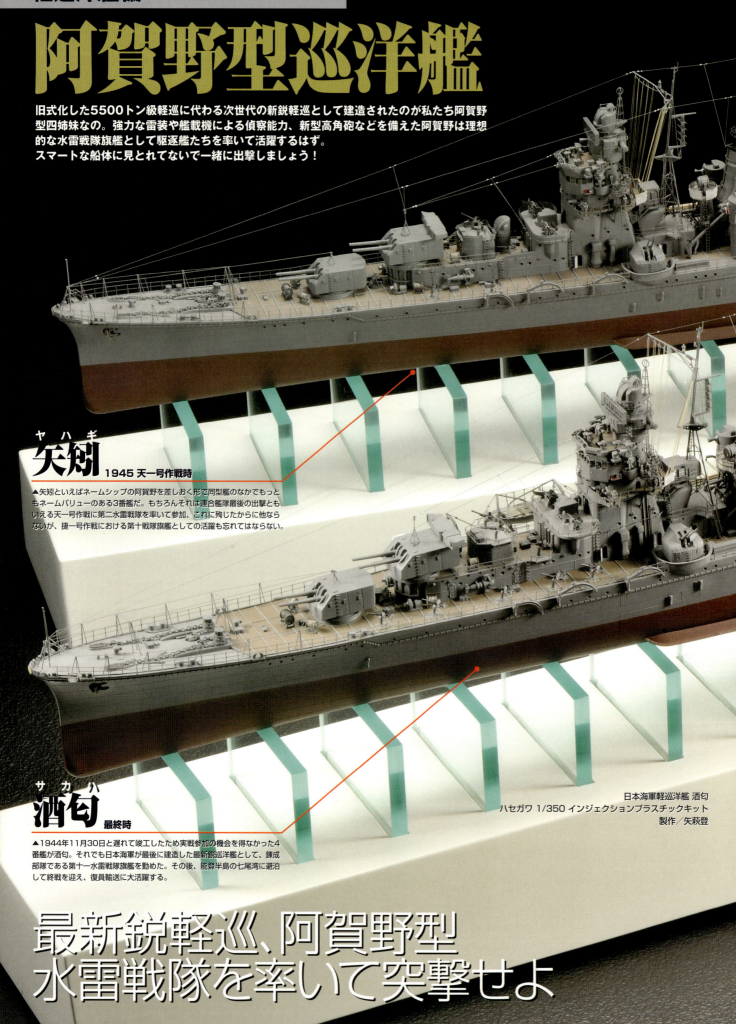

矢矧（ヤハギ） 1945 天一号作戦時
▲矢矧といえばネームシップの阿賀野を差しおく形で同型艦のなかでもっともネームバリューのある3番艦だ。もちろんそれは連合艦隊最後の出撃ともいえる天一号作戦に第二水雷戦隊を率いて参加、これに殉じたからに他ならないが、捷一号作戦における第十戦隊旗艦としての活躍も忘れてはならない。

酒匂（サカハ） 最終時
▲1944年11月30日と遅れて竣工したため実戦参加の機会を得なかった4番艦が酒匂。それでも日本海軍が最後に建造した最新鋭巡洋艦として、錬成部隊である第十一水雷戦隊旗艦を勤めた。その後、能登半島の七尾湾に避泊して終戦を迎え、復員輸送に大活躍する。

日本海軍軽巡洋艦 酒匂
ハセガワ 1/350 インジェクションプラスチックキット
製作／矢萩登

最新鋭軽巡、阿賀野型
水雷戦隊を率いて突撃せよ

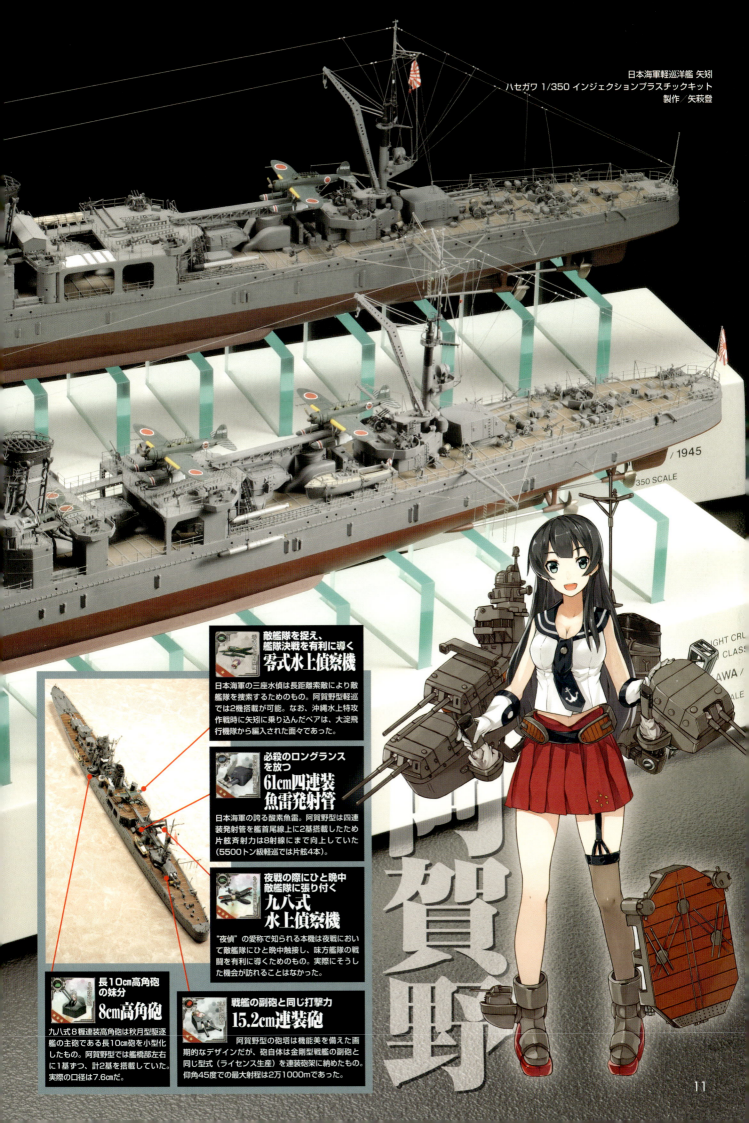

日本海軍軽巡洋艦 阿賀野
タミヤ 1/700
インジェクションプラスチックキット
製作／打木進太郎

阿賀野（アガノ） 1942 就役時

▲水雷戦隊旗艦用の正統派の軽巡洋艦として、川内型以来で日本海軍が建造したのが阿賀野型。15cm連装砲を3基搭載し、精悍な艦橋、優美な1本煙突を備えた姿は5500トン型とは隔世の観がある。第十戦隊旗艦としてソロモンの戦場を駆け巡った阿賀野だったが、修理のためトラックを出港して内地へ向かった1944年2月16日にアメリカ潜水艦の雷撃により撃沈されてしまった。作例ではカタパルト上に九八水偵を搭載しているがこれはフィクションではなく、実際に阿賀野の公試の際に搭載していた写真が残されている。

夜戦なら私たちにお任せ 最新鋭軽巡の力を見せつけちゃうんだから

日本海軍軽巡洋艦 能代
タミヤ 1/700 （矢矧より改造） インジェクションプラスチックキット
製作／木本敏文
（艦艇模型工廠ヴァンガード工場）
(http://homepage2.nifty.com/vanguard/)

能代（ノシロ） 1944 レイテ沖海戦

歴戦水雷戦隊を率いて 敵空母部隊に肉薄するわよ

▲阿賀野型2番艦の本艦は竣工1ヶ月後の1943年8月に栄えある第二水雷戦隊の旗艦となり、あ号作戦（マリアナ沖海戦）と捷一号作戦（レイテ沖海戦）というふたつの戦いに参加した。敵空母群との遭遇戦となったサマール島沖海戦では混乱する戦局のなかで敢闘、大きな被害はなかったが、退却戦となったその翌日の1944年10月26日に航空雷撃により魚雷1本を受けて行動不能となり、その後被害が増加、総員退艦ののちミンドロ沖に消えた。なかなかに存在感を放った次姉といえるだろう。

工廠　少しずつ異なる阿賀野型の艤装 航空機作業甲板で見分けろ！

洗練された艦影の阿賀野型の4隻は、それぞれが戦時中に竣工したこともあり、資料となる写真の数が少なく、時期違いではない個艦の特徴をつかむことが難しい。そんななかで知られる大きな違いが艦の中央部に設けられた飛行作業甲板のデザインだ。阿賀野と能代は同じような変形8角形の1枚板だが飛行機運搬軌条の敷設方法が異なり、矢矧では甲板中央や左右に魚雷発射管の爆風抜きが空いたタイプに変わる（その前端には倉庫が設けられている）。これは増備された機銃などの重量に対する復元性対策でもあった。酒匂ではもはやこの部分の甲板が廃止され、小さな飛行作業甲板と前方に独立した機銃台というような形状になっているのがわかる。

 ▲阿賀野
 ▲能代
 ▲矢矧
 ▲酒匂

 阿賀野
 能代
 矢矧
 酒匂

出撃　サマール島沖海戦で活躍の機会を得る

レイテ沖海戦のハイライトともいうべき1944年10月25日黎明、そろそろ陣形を夜戦用から昼戦用に切り替えようとしていた第一遊撃部隊は水平線上に艦上機を離発着させる空母らしき艦影を発見する。航空機の傘を持てない水上艦隊が敵空母機動部隊を捉えるという、まさに天佑ともいえる状況がにわかにできあがった。この時、第二水雷戦隊（旗艦能代）、第十戦隊（旗艦矢矧）とも陣形の後方にいた形だったが、全軍突撃の令により増速して行く手を阻む敵駆逐艦を蹴散らし空母へ肉迫、必殺の酸素魚雷をも放っている。混戦模様の戦局でどの艦の砲撃があたり、魚雷が命中したのかを判別することは困難だが、矢矧などでは沈みゆく敵駆逐艦の艦番号「413」「557」などが読み取れるほどの近距離での戦いだった。アメリカ側の損害は護衛空母1隻、駆逐艦3隻の沈没である。

建造　阿賀野型軽巡洋艦模型紹介

ベテランキットだがまだまだ現役のタミヤ

ウォーターラインシリーズでは古くからタミヤにより阿賀野と矢矧の2艦がキット化されているが、これは発売された当時、他社のクオリティと一線を画する（現在新開発のものは三社とも秀逸のクオリティだ。念のため）、本型の格好良さを遺憾なく立体化したものであった。資料の少ないなか、阿賀野は新造時、矢矧は天一号作戦時を再現することで差別化を図っており、上田毅八郎氏の箱絵が製作意欲をさらに煮え立たせてくれた。1972年発売のベテランキットとはいえ、エッチングパーツを加えてやることや艤装パーツの置き換えなどで解像度を上げることができ、21世紀の市場でも充分に通用する内容といえる。価格はそれぞれ税別2200円

最新考証を取り入れたハセガワ1/350

ハセガワの1/350有名艦シリーズ第6弾。大型艦である長門、赤城に次ぐものとして2009年発売された。これまでのキットから一歩進んだ精密なディテールが特徴。魚雷発射管などもこれまでの共用パーツではなく新規パーツが命中したのかを判別することは困難だが、またキットともに専用のエッチングパーツが発売されている。価格は税別9800円

艦これ はみだしコラム　空母機動部隊の守護神、第十戦隊／1942年4月に新編成された第十戦隊は、軽巡長良を旗艦として第七、第十、第十七の3個駆逐隊で編制された、水雷戦隊と同様なつくりをした組織。にもかかわらず水雷戦隊の名を冠しなかったのは空母直衛部隊として位置づけられていたから。1942年6月のミッドウェー海戦を皮切りに、8月の第2次ソロモン海戦、10月の南太平洋海戦と戦い、12月に旗艦を阿賀野に変更している。最初（1942年4月～1943年1月）と最後（1943年12月～1944年11月）の司令官が同じ木村進少将という奇遇

軽巡洋艦編
軽巡洋艦大淀

阿賀野型が水雷戦隊旗艦として建造されたのと同様、潜水艦隊旗艦用に建造されたのが大淀です。大型カタパルトと格納庫、強力な通信設備を搭載していましたが、肝心の新型高速偵察機の開発に失敗したため本来の用途に使用されることはありませんでした。でも格納庫を司令部施設に転用して連合艦隊旗艦として活躍したんですよ

オホヨド
大淀 1944
連合艦隊旗艦時

潜水戦隊旗艦用巡洋艦として計画された大淀型には、日本の巡洋艦では必須アイテムともいうべき魚雷発射管が搭載されていなかったのが最大の特徴といえる。艦の中央に水上偵察機紫雲用の大型の格納庫を配置し長大なカタパルトを有していたのは新造時のこと。この格納庫を転用して連合艦隊旗艦設備を整えたのはもはや周知の事実だ。

日本海軍軽巡洋艦 大淀
アオシマ 1/700
インジェクションプラスチックキット
製作／Takumi明春

**対空射撃も
お手のもの
15.5cm三連装砲**

最上型の軽巡洋艦の主砲を転用したもので、大和型の副砲と同様、対空射撃にも使用できた。実際、捷一号作戦でエンガノ岬沖での対空戦闘で8機もの敵機を屠ったと報じている。

**高角砲管制射撃の
大元締め
94式高射装置**

測距儀と照準装置が一体になった指揮装置で、片舷1基あて高角砲2基の射撃を管制する。長10cm高角砲が威力を発揮するためのマストアイテムといえる。

**実用性の高い
三座水偵を搭載
零式水上偵察機**

連合艦隊旗艦への改装にあたり、搭載機を紫雲から零式水偵に変更、カタパルトも通常の呉式2号5型に換装された。

**狙った獲物は
逃がさない
10cm連装高角砲（砲架）**

秋月型駆逐艦の主砲と同じ長10cm砲。大淀では左右に2基ずつ、計4基を搭載している。これは奇しくも捷一号作戦を体験した矢矧が改装の要望として掲げた装備・数と同様だ。

**まるで予見されていた
かのような構造物
艦隊司令部施設**

1944年3月の改装に伴い、搭載機用の格納庫は3層に分けられ、司令部施設として生まれ変わった。一番上が幕僚（参謀）の居室で2段目が作戦室、一番下は倉庫や事務用スペースなどとなっていた。

強力な通信設備を活かし
艦隊を率いて出撃致します

水雷戦隊最後の勝利を勝ち取った礼号作戦 【出撃】

"ミンドロ殴り込み"ともいわれる禮(礼)号作戦は、多号作戦(オルモック輸送作戦)が終わったばかりの1944年12月下旬に行なわれた作戦だ。12月15日にミンドロ島へ上陸してきたアメリカの船団に対して、第2水雷戦隊や第31戦隊の麾下駆逐艦、重巡足柄、軽巡大淀により挺身攻撃隊を編制、攻撃を実施するというもの。指揮官はキスカ撤収を成功させたことで名高い木村昌福少将だ。12月24日にカムラン湾を出撃した攻撃隊は途中空襲を受け駆逐艦清霜を失いつつも26日夜半にミンドロ島マンガリン湾へ突入、駆逐艦による雷撃(足柄は空襲を受けた際に魚雷を投棄した)のほか、砲撃により輸送船3隻を撃沈破、地上の物資集積所を炎上させて悠々と引き上げていった。帰路、旗艦霞自らが洋上に停止して清霜の救助にあたったエピソードが伝わる。アメリカ側の記録によると失われた輸送船は1隻のみだが、この戦闘をして日本海軍の水上艦艇部隊が挙げた最後の勝利と位置づけられている。

軽巡洋艦大淀模型紹介 【建造】

金型は古いが価格が安い フジミ

大淀は、ウォーターラインシリーズではかつての一翼を担っていたフジミが1979年にキット化した。人気はあるものの同型艦がないためにキット化が危ぶまれるなか、非常に歓迎されるものだった。本キットも金型は古いもののアフターパーツを追加するだけで本艦の独特な艦容を楽しむことができるスグレモノ。なんといっても税別1800円と安く手に入るのがうれしい。

就役時と連合艦隊旗艦時の2バージョンが存在する アオシマ

アオシマの大淀は2009年発売の比較的新しいキット。近年のアオシマのキットに見られる精密なモールドとプロポーション、作りやすさを兼ね備えたキットだ。定番商品は「日本軽巡洋艦大淀1944」で改装を受け連合艦隊旗艦時を再現した内容で格納庫は閉鎖されて司令部施設となり後部のカタパルトも通常サイズのものへと変更された状態となっている。バリエーションキットとして新造時を再現した「日本軽巡洋艦大淀1943」(現在流通在庫のみ)も存在する。こちらは船体後部に巨大なカタパルトを設置されており搭載機も紫雲と瑞雲がセットされていた。価格は税別2200円。カタパルトやなどを押さえた専用エッチングパーツ(税別1500円)も発売されている

1943 オホヨド 大淀 就役時

日本海軍軽巡洋艦 大淀
アオシマ 1/700
インジェクションプラスチックキット
製作/細田勝久

▲大淀型の根源は、太平洋を進撃してくるアメリカの主力艦隊の力を艦隊決戦前に順次そいでおくという、いわゆる漸減作戦において、偵察能力の低い潜水艦という艦種に対して、航空偵察により敵艦を捕捉して的確に情報を与え、その攻撃の指揮ならびにサポートをするところにあった。艦の全長の25%を締める長大な二式1号10型カタパルトは、その目となる高速水上偵察機紫雲を発艦させるために改めて開発されたもの。またその前方に設けられた大きな格納庫もこの運用を確実たらしめるためのもので、水上艦艇ではこうした格納庫の設置は珍しい(だいたいは露天繋止だ)。艦娘の意匠にもこのあたりが反映されている。

麾下潜水艦たちの獲物を探しだすために

1944 オホヨド 大淀 レイテ沖海戦時

日本海軍軽巡洋艦 大淀
アオシマ 1/700
インジェクションプラスチックキット
製作/細田勝久

▲竣工後1年あまりが経過した1944年3月、大淀は連合艦隊旗艦に改装されることとなり、5月3日には連合艦隊司令長官豊田副武大将の将旗を掲げる。搭載機は零式水偵2機に変更され、カタパルトも呉式2号5型に換装、これに合わせ飛行作業甲板が新設されている。従来、後方が開放式となっていた飛行機格納庫には蓋がされ、内部は上下3層に区分けされて司令部施設となった。同年9月末に連合艦隊司令部が日吉の慶応大学に移ると捷一号作戦、礼号作戦、北号作戦に参加。「巡洋艦として使うには、やはり魚雷発射管がほしい」との戦訓を得つつも、その後は呉で繋留されたままとなり、1945年7月の呉空襲で大破横転した状態で終戦を迎えた。

航空機格納庫を連合艦隊司令部施設に

軽巡洋艦編

ひと目で分かる！ 模型で見る日本海軍軽巡発達史

日本海軍が太平洋戦争に投入した軽巡洋艦は22隻。このうち5500トン級軽巡は半数以上の14隻を占めていた。この5500トン級を更新する阿賀野型は戦争中期以降に完成したため活躍の場は限られたものだった。ここでは7タイプの軽巡の概略を確認しよう

天龍型軽巡洋艦

のちの5500トン級の礎となる近代軽巡の始祖

▶33ノットの高速を発揮し、水雷戦隊旗艦として駆逐艦を率いて戦うという形態を実現することになった最初の型式。14cm単装砲と3本煙突という新時代の軽巡洋艦のアイコンを確立した

軽巡洋艦 龍田　ハセガワ　1/700　インジェクションプラスチックキット　製作／野々上秀樹

14隻の大家族 5500トン級軽巡

軽巡洋艦 木曽　タミヤ　1/700　インジェクションプラスチックキット　製作／米波保之

球磨型軽巡洋艦
ここからはじまる5500トン軽巡ファミリー

▶天龍型をひと回り大きくし、水雷戦隊旗艦としての機能を向上させた5500トン級グループの一番手。14cm単装砲7門は片舷斉射6門が可能。一部はカタパルトなどを搭載し、航空偵察能力を向上。新造時の魚雷発射管は53cm連装4基

長良型軽巡洋艦
雷装を強化した5500トン級第2シリーズ

軽巡洋艦 鬼怒　タミヤ　1/700　インジェクションプラスチックキット　製作／米波保之

▶基本設計は球磨型と同様で、火力も14cm単装砲7基と同じながら、魚雷発射管を連装4基をそのままに、61cmにアップデートしたタイプ。阿武隈など一部の艦は前部発射管2基を撤去し、後部の2基を4連装に換装した

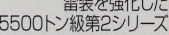

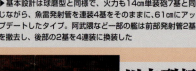

軽巡洋艦 川内　アオシマ　1/700　インジェクションプラスチック　キット　製作／細田勝久

川内型軽巡洋艦
5500トン級最終タイプ。煙突が四本になった！

▶船体サイズ、兵装などは長良型と同様だが、重油節約のため石炭焚きと重油焚きのできる"混焼缶"を増やしたため煙突が4本になった型式。太平洋戦争開戦時の最新軽巡だった

軍縮条約の時代
この期間は重巡を建造するのに忙しくて軽巡洋艦は建造されず

軽巡洋艦 夕張
駆逐艦並の船体に重武装を詰め込んだ実験艦

▶3000トンの華奢な身体に、主砲、魚雷とも5500トン級と同じ片舷斉射力を詰め込んだ、"天才"平賀技術中将の意欲作。正統派の軽巡というよりも、古鷹型以降の重巡の実験艦的位置付けに

軽巡洋艦 夕張　タミヤ　1/700　インジェクションプラスチックキット　製作／Takumi明春

軽巡洋艦 矢矧　タミヤ　1/700　インジェクションプラスチックキット　製作／米波保之

阿賀野型軽巡洋艦
5500トン級に代わる水雷戦隊旗艦用軽巡

▶日本海軍が建造した第2次世界大戦型軽巡の真打ち。戦艦の副砲として実績のある15cm砲を連装砲塔に納め、61cm酸素魚雷8線の片舷斉射力を誇り、水偵2機の運用が可能

軽巡洋艦 大淀

▶漸減作戦において麾下の潜水艦に索敵情報を与え、効率よく攻撃を行なわせるために計画されたタイプで、日本海軍としては魚雷発射管を搭載しないただひとつの巡洋艦となった

潜水艦隊旗艦用、雷装を持たない唯一の巡洋艦

軽巡洋艦 大淀　アオシマ　1/700　インジェクションプラスチックキット　製作／野々上秀樹

16

開発 水雷戦隊を援護せよ！巡洋艦たちが装備する主砲一覧

巡洋艦の主砲は大別して重巡洋艦用の20.3cm砲と軽巡洋艦用の15.5cm未満の砲に大別される。これはロンドン軍縮条約によって決められたものだった。ここでは巡洋艦の主要兵装について解説しよう

14cm砲

天龍型とそれに続く5500トン級軽巡洋艦の主砲で、日本人の体格に合わせて、伊勢型戦艦や長門型戦艦の副砲として開発された「50口径三年式14cm砲」と呼ばれるもの。最大射程距離は1万9100m。夕張や香取では連装砲架に納めたものが搭載されている。単装砲の場合は後方開放式の簡単な防楯に納められる場合が多く、5500トン級では前部に4基、後部に3基の計7基を搭載。艦首左右の3番、4番砲は反対舷への射撃ができなかったが、それでも片舷6門の斉射力を有していた。まったくの平射砲であるため、大戦中は一部を撤去して八九式12.7cm高角砲に換装しているケースもあった（五十鈴は7門すべてを撤去して、連装高角砲3基に交換して防空巡洋艦になっている）。

軽量小型で発射速度も早い主力砲

15.2cm砲

古鷹型重巡をもほうふつさせる阿賀野型の主砲は、金剛型戦艦の副砲として搭載されていた「50口径四十一年式15cm砲」を連装砲架に納めたもの。ただし、阿賀野型の主砲は最大仰角55度で対空射撃にも使えるというふれこみだった。なお、重巡の20.3cm以上には対空射撃用に三式弾（右上記事参照）が用意されていたが、15.2cm砲にはこれがなく、もっぱら「零式弾」という榴弾が使用された。海軍内ではいちいち端数を読み上げず、「15糎砲」と表記、呼ばれている。

旧式戦艦から転用された英国生まれの連装砲

15.5cm砲

ロンドン条約をすり抜ける目的で、当初は軽巡として建造された最上型四姉妹のために用意された主砲で、のち大淀の主砲に転用された他、大和型戦艦の副砲としても使われた。60口径と長砲身を誇り、対空射撃が可能というのも特徴のひとつで最大射程は2万7400mと重巡の20.3cm砲に匹敵する。なお、海軍の資料には「15糎5砲」「15.5糎砲」とふた通りの表記が見られる。じつは日本海軍が実用化した最初の三連装砲塔でもあり、やはり対空射撃用には零式弾を使用する。

最上型用に開発された長射程、高初速を誇る万能砲

61cm魚雷発射管

古鷹型以降の重巡、長良型以降の軽巡が搭載したのが61cm魚雷発射管。これら巡洋艦では連装、あるいは4連装の発射管が主流といえる。有名な酸素魚雷は水上艦艇用のものは「九三式魚雷」と呼ばれ、全長は9m。最大射程は36ノットで4万m、38ノットでは2万mと長距離に及ぶものだが、射線を集中して命中させるには肉迫して発射しなければまず当たらない。

水雷戦隊を率いる際には必要！

20.3cm砲

夜戦のお供に選びたい重巡の代名詞

古鷹型以降の日本海軍の重巡が搭載した主砲。ただし、古鷹型（青葉型含）、妙高型の新造時はきっちり直径20cmとする砲で、愛宕型以降、最上型、利根型などに搭載されたのが、ロンドン軍縮条約の重巡の規定いっぱいの20.3cm砲（8インチ）にアップした「二号20cm砲」と呼ばれるタイプ。古鷹型、妙高型も順次この20.3cm砲に換装、あるいはボーリング処理して口径アップされている。砲塔の形状などによりA型単装砲（古鷹型新造時）、C型連装砲（青葉型）、D型連装砲（妙高型）、E型連装砲と分類され、E型連装砲は各艦型に添ってさらにE1型（愛宕、高雄、鳥海）、E2型（摩耶）、E2型（古鷹型改装後）、E3型（利根型）、E3型最上型と細かく分類されている。E型では最大仰角70度での対空射撃が可能となっていたが、結局主砲は低空で迫る雷撃機に抗するものとされ、E1型以降の型式では最大仰角50度に抑えられた。それでも三式弾（黄リン式の散弾）を使用しての対空戦闘は弾幕を張ることで「相当の効果あり」と利根の捷一号作戦作戦訓に記されている。海軍内では端数を取り、「20糎砲」と呼ばれるのが一般的であった。

SKC34 20.3cm砲

ドイツ重巡が装備した長砲身高性能砲

ベルサイユ条約を破棄して再軍備をおし進めたドイツ海軍が、何とか第2次世界大戦に投入することができたアドミラル・ヒッパー級の3隻（プリンツ・オイゲンは略同型艦）の重巡に搭載したのが60口径長砲身のこの主砲。仰角37度で打ち出す20.3cm弾は最大射程距離3万3500mと日本の戦艦並み（弾丸重量は比べるべくもないが、長門型で3万2000m程度）だった。工業先進国のドイツらしく砲の俯仰旋回、弾薬の装填から発射までを電気式に行なえるスグレモで、1分間に5発という速射砲並みの発射速度を見せつけている。

出撃 日米互角の戦いを繰り広げたソロモンの激戦

太平洋での戦いは、航空母艦を中心とした空母機動部隊同士による艦隊決戦が帰趨を決したという見方もあるが、ちょうど日米双方の空母、あるいはその搭載飛行機隊の消耗により、重巡や軽巡、駆逐艦を主体とした旧態依然たる水上艦船同士の戦いも幾度も繰り広げられたのが当時「南東方面」と呼ばれたソロモンの戦場だ。これは1943年8月7日にガダルカナル島へアメリカ軍が上陸したあとの、同島をめぐる補給戦がその背景にあるが、8月末の第1次ソロモン海戦を皮切りに、10月中旬のサボ島沖海戦、11月中旬の第3次ソロモン海戦、同末のルンガ沖夜戦、翌18年2月にガダルカナルから撤退を成功させた際のイサベル沖海戦ののちも、3月のビラ・スタンモーア夜戦、7月のコロンバンガラ沖海戦、8月のベラ湾夜戦、第1次、第2次ベララベラ海戦、11月のセントジョージ岬海戦と航空機が主力ではない、同規模の水上艦艇同士の戦いは枚挙にいとまがない。ガ島撤収までをひと区切りとして、空母同士の戦いを含め、この間に日本海軍が失った艦艇は戦艦2、軽空母1、重巡2、軽巡2、駆逐艦12の計19隻（ほかに潜水艦6）である一方、アメリカは戦艦0、正規空母2、重巡5、軽巡2、駆逐艦15の計24隻（潜水艦の喪失なし）というもの。ほぼ互角の戦いであったとの見方もあるが、後の戦いではレーダーをはじめとする電子戦装備の差が、如実に勝敗を分けるようになった。

練習巡洋艦編

香取型軽巡洋艦

練習巡洋艦香取です。遠洋練習航海に出ましょう皆さん、ついてきて

日本海軍練習巡洋艦 香取
アオシマ 1/700
インジェクションプラスチックキット
製作／川合勇一

艦隊の遠洋練習航海用に建造されたのが香取型です。士官候補生がさまざまな兵器に触れることができるように14cm主砲、魚雷発射管、高角砲、機銃、カタパルトなどを小さな船体に網羅したのが特徴です。開戦後は速力は遅かったものの、余裕のある船内スペースを活かして潜水艦隊や海上護衛部隊の旗艦として戦ったんですよ

カトリ
香取 1942 第六艦隊旗艦時

日本海軍の練習巡洋艦は長らく明治以来の装甲巡洋艦を転用した石炭焚きの老朽艦を使用していたが、昭和の初めにはさすがに装備が古くなりすぎており「練習にならない！」との意見が具申されるようになった。そこで計画されたのが香取型の3隻の軽巡洋艦である。定員の乗員だけでなく、士官候補生を多数乗艦させて遠洋航海を実施するため、船型は"商船型"とされ、その居住性の高さから太平洋戦争では潜水艦隊たる第六艦隊の旗艦として長く使用された

日本海軍でもっともポピュラーな高角砲
12.7cm連装高角砲
最大仰角90度で射高9400mという日本海軍の主力高角砲。同型艦の鹿島、香椎は1944年4月に煙突左右の魚雷発射管を撤去して本砲2基を増備した

見本か、実用か?
25mm連装機銃
12.7cm高角砲と並んで多数使用された対空機銃で、戦前はこの連装のものが一般的。戦艦を含め、艦橋周囲に配置される例が多いのは、こうした部分への飛行機からの機銃掃射を撃退するためだ

使い慣れた砲を連装砲架に
14cm連装砲
天龍型以来、日本軽巡の主砲として長く使いなじんできた50口径三年式14cm砲を、夕張型と同様に連装砲塔に納めて前後に1基ずつ配置。対空射撃能力はない

近代巡洋艦のマストアイテム
零式水上偵察機
偵察能力を要求される近代巡洋艦としての必須アイテムともいえるのが索敵用の三座水偵。香取型でも射出機1基を搭載して、露天繋止による1機の運用が可能だった

サンプルとしての装備品?
53cm艦首(潜水艦)魚雷
長良型以降の軽巡では61cm魚雷用の発射管が搭載されていたが、速度も遅く、およそ雷撃の機会にもおぼつかない香取型に搭載されたのは見本とした53cm連装発射管。53cm魚雷は「艦これ」ではおもに潜水艦用に採用されている

まるで兵器の見本市?
小さな船体にさまざまな装備を少しずつ装備した練習艦

潜水戦隊旗艦を勤めた軽巡洋艦たち

戦前の日本海軍の潜水艦部隊は、第一艦隊(戦艦部隊)、第二艦隊(重巡部隊)などに1個潜水戦隊ずつ組み込まれる形で、とくに艦隊の補助部隊として運用されていたが、1940年11月15日に第六艦隊が新編され、書類上はこれを統合して作戦する近代的な潜水艦隊ができあがった。潜水戦隊の編成は水上艦隊と同様、まずは潜水艦3隻で1個潜水隊を編成し、2個潜水隊以上の規模に潜水母艦1隻を付属させて潜水戦隊(これがなく、潜水母艦を旗艦とする場合もある)と司令部座乗用潜水艦を以てす。第六艦隊旗艦の香取はこれら複数の潜水戦隊の総元締という位置付けだ。潜水母艦というと何やら潜水艦を艦内に収容するような特異な艦を想像するかもしれないが、日本の場合は前進泊地で潜水艦への補給や乗員の休養施設としての役割を担う(アメリカの場合は修理などの工作も請け負う)。潜水戦隊司令部(司令官はだいたい海軍少将)は、通常は旗艦の潜水母艦にいるが、作戦の際には司令部施設のある潜水艦(甲型や巡潜3型など)に乗り込んで指揮を執ることになっていた。ところが実際にやってみると、(日本海軍として太平洋戦争が初めての実戦となる)、潜水戦隊司令部が潜水艦に乗って麾下の潜水艦を指揮するというのは現実的ではなく、次第に丘へ上がっていくこととなる。こうしたなか、潜水戦隊旗艦を勤めたのはやや旧式ながら通信機能や艦内容積に余裕ある5500トン級第2グループ(長良型)軽巡の由良と鬼怒。由良は開戦時は第五潜水戦隊旗艦で、潜水戦隊司令部は慣例にのっとり将旗を伊65潜に移し、1942年2月に由良が馬来部隊に部署されて第一段作戦を戦い、4月に五潜戦隊に復帰した。5月に将旗を潜水母艦りおでじゃねろ丸に移した由良は第四水雷戦隊旗艦としてソロモンへ進出、10月24日に航空攻撃により被弾航行不能となったので自沈している。鬼怒は戦前に潜水戦隊旗艦を勤めたことがあり、開戦時は第四潜水戦隊旗艦として参加、蘭印攻略作戦の終わった1942年3月から第十六戦隊に属し、主に上陸部隊の掩護や輸送作戦に活躍、オルモック輸送作戦に従事していた1944年10月26日にやはり航空攻撃により撃沈されている。

トラック島空襲により損傷、その後の水上砲戦で姿を消す 出撃

竣工したばかりの1940年に一度だけ本来の練習巡洋艦として使われた香取は、同年11月から第一潜水戦隊旗艦を勤め、1941年11月に第六艦隊の独立旗艦(どの戦隊の編成にも入らず、艦隊直属の単艦で旗艦を勤めること)となった。開戦は日本の委任統治領であったマーシャル諸島のクェゼリン(潜水艦隊の前線基地となっていた)で迎え、同地で第一、第二、第三潜水戦隊によるハワイ作戦やアメリカ西岸作戦の指揮を執っていたが、1942年2月には早くもアメリカ空母機動部隊の反撃の手痛を負っている。その修理ののちクェゼリンに進出、再び内地を経て1942年8月にトラックへ前進し、以後ここからたねわりとなった潜水艦作戦の全般指揮を取り、1944年2月15日付けで海上護衛総隊に編入された(第六艦隊旗艦は平安丸となる)。そして特設潜水母艦赤城丸を護衛して内地へ回航されることとなっていた2月17日早朝、アメリカ空母機動部隊によるトラック空襲に遭遇してしまう。北水道から圏獺外に出た香取は赤城丸とともに敵艦上機に捕捉されることとなり、当初はその攻撃をしのいでいたものの奏撃敵せず、次第に形勢は不利となり爆弾多数が命中、魚雷3本も命中する。これに追い討ちをかける形でアメリカ側はニュージャージー以下新鋭戦艦2隻、重巡2隻からなる水上艦艇を派遣。一撃を加えた戦艦が別の日本艦艇を求めて過ぎ去ると重巡2隻を中心として攻撃を加え、ついに止めを刺す沈みゆく香取からは14cm砲、魚雷、高角砲の応射が最後まであったという。生存者なし。

香取型練習巡洋艦模型紹介 建造

2011年、待望のリニューアルが叶ったアオシマの香取型

実艦の人気ではなく、既存のキットの人気度が新金型の開発に対してメーカーに"二の足"を踏ませているケースがまま見られる(と思う)。古くからウォーターラインシリーズにラインナップされていた香取型の存在もそのひとつといえるだろう。そうした意味ではリニューアルとともにその面目を多いに躍如させたのがウォーターラインシリーズのアオシマの新キットだ。練習巡洋艦としての出自もあり、あまりぱっとしない本型ではあるが、近代的な軽巡洋艦としての艦橋構造、1本にまとめられた煙突や各種の兵装を備えた姿は旧来の5500トン級とは一線を画するものであり、キットはその精悍なシルエットを再現したもの。香取、香椎は竣工時を、鹿島は魚雷発射管を12.7cm高角砲に換装し、対潜掃海艦となった大戦末期の姿を再現している。価格は税別2200円。

鬼怒(キヌ) 1942 第四潜水戦隊旗艦時
日本海軍軽巡艦 鬼怒
タミヤ 1/700 インジェクションプラスチックキット
製作/米波保之

艦これ はみだしコラム
練習艦は、持てる海軍の贅沢な艦種か?/洋の東西を問わず、練習艦というのはや旧式になった艦をこれに当てるのが慣例。新生ドイツ海軍の場合は新鋭軽巡エムデンを使用したが、再建途上の同国にはこの艦しかなかったからに。そういった意味で練習巡洋艦として建造された香取型は、貧乏海軍と揶揄される日本海軍にあって贅沢なものだったかもしれない。もっとも、艦隊決戦に特化して醸成されてきた日本の軽巡洋艦自体が世界的に見て異色な存在で、香取程度の巡洋艦の存在はよその国でもあるのだが

駆逐艦編

陽炎型駆逐艦

日本海軍の駆逐艦は他国にはない強力な酸素魚雷による雷装をとても重視していたの。そんな駆逐艦の集大成ともいえるのが19隻が建造された陽炎型で太平洋戦争開戦時、最新鋭艦として水雷戦隊に配属されたわ。「大物を喰え」を合言葉に激戦に投じられ敵巡洋艦相手に一歩も引けをとらない戦いぶりを見せたの。私たち駆逐艦の活躍、期待してね！

日本海軍駆逐艦 浜風
ハセガワ 1/350 インジェクションプラスチックキット
製作／矢萩登

日本海軍駆逐艦 不知火
ハセガワ 1/350 インジェクションプラスチックキット
製作／矢萩登

夜戦なら私たちにお任せ
徹底的においつめてやるわ

甲型駆逐艦第1シリーズ
陽炎型駆逐艦

吹雪型（特型）の出現で近代的な艦隊型駆逐艦を手にした日本海軍だったが、その後、ロンドン軍縮条約の影響を受けて初春型、白露型で小型化の傾向をみせるなど迷走し、元の位置に戻る形で建造したのが朝潮型だ。このサイズや排水量、兵装配置をそのままに、各部を精錬させたのが陽炎型となる。船体強度の改善、並びに軽量化を図るなどの改設計により朝潮型より燃料を多く積めるようになり、航続距離に対する懸念は大きく取り除かれた。新造時から酸素魚雷を運用できるのも陽炎型から

日本海軍駆逐艦 浦風
アオシマ 1/700 インジェクション
プラスチックキット
製作／岩重多四郎

甲型駆逐艦第2シリーズ
夕雲型駆逐艦

日本海軍駆逐艦 朝霜
アオシマ 1/700 インジェクション
プラスチックキット（陽炎より改造）
製作／岩重多四郎

最新鋭の艦隊型駆逐艦として建造した陽炎型の性能は、用兵側としても満足のいくものではあったが、その最高速度35ノットはいわゆるカタログスペックで、一部の艦ではこれを発揮できないことが唯一問題視され、確実にそれを実現するために喫水線下の艦尾形状を改善したことが夕雲型の特筆点（ウォーターラインモデルでは見えないが）。また主砲の仰角も対空射撃も可能なように75度に引き上げたD型砲塔となった。艦橋前面の下部がすそ広がりになっているのが外観上の本型の特徴となっている

同型艦19隻&19隻
水雷戦隊の主力駆逐艦、甲型とは

ワシントン、ロンドンの両軍縮条約で主力艦（戦艦）の保有数を米英比5:5:3と制限された日本海軍は、仮想敵アメリカ太平洋艦隊を漸減作戦で迎え撃ち、主力艦の数を同等にしてから本来の艦隊決戦に持ち込もうという構想を抱いていた。その決戦の際に期待されるのが、甲型と呼ばれる艦隊型駆逐艦で編成される水雷戦隊の活躍であった。小兵が大物を討ち取るのは火砲の発達した近代戦では射程距離の問題もあり生半可なことではなかったが、優れた速力により水雷戦隊旗艦たる軽巡洋艦に率いられて敵艦隊に肉迫、旋回しつつ魚雷発射（目標となる敵艦を左右に見る場合は、右舵をとって右に回頭すると遠心力で艦体は左側へ傾く。この瞬間に魚雷を発射するのだ！）をなして離脱し、魚雷の槍ブスマで敵戦艦を串刺しにすることが理想的な戦術と考え

られていた。そのためにまず求められたのが敵戦艦と露払いの敵巡洋艦などをしのぐ最高速度、陽炎型、夕雲型では35ノットを発揮、また、艦隊に随伴しての作戦行動の際にわずらわしくない航続距離の確保だ。攻撃力としての魚雷の性能も非常に重要なファクターだが、一般的に酸素魚雷の名で知られる「九三式魚雷」が搭載できるようになったのも陽炎型から。ルンガ沖夜戦ではその威力を遺憾なく発揮し、こちらは駆逐艦だけという布陣なのに、アメリカ重巡5隻を撃沈破するという偉功を立てている。反面、第2次世界大戦型の対空、対潜面での戦いには融通がきかず、また戦局が消耗戦となるなかで量産建造にも対応できないという戦訓を残し、甲型38中わずかに雪風1隻を残すのみで歴史の彼方へと消えていった

なぜ秋雲は陽炎型なのに夕雲型と同じ制服を着ているのか？

陽炎型19番艦の秋雲は、福井静夫氏の説もあり、ある時期から同じ「雲」という字を使った名前を付けられている夕雲型の1隻と誤解されて扱われるようになっていた。しかし、古くから古本屋などで目にすることができた駆逐艦秋雲会の記念史に掲載されている、秋雲幹部が写った艦橋前面の写真は陽炎型の特徴をしており間違いはない。ただ、同じ記念史のなかで元乗員だった人物が「秋雲は1番艦で、本来夕雲型は秋雲型と呼ばれるべきだった」と述べていることが事態をややこしくしていた。艦娘秋雲が夕雲と同じ制服、意匠をしているのはこのあたりに起因するようだ

艦これ はみだしコラム 駆逐艦名に統一性がないのは？／同型艦なのに命名基準が統一されていない例がまま見受けられる駆逐艦名。例えば夕雲型なら全部「雲」で統一してくれれば覚えやすくもあるのだが、（陽炎型は潮、風、気象、雲などごっちゃでややこしい）そうならなかったのはこれらが一度に建造されたわけではなく、年度予算を計上しながら2〜4隻と少しずつ作られたからだ（その理由だけでは全てを当てはめることができないが）。とくに数を揃える必要のある駆逐艦では命名基準や実際の艦名にとくに気を遣われていたという

駆逐艦編

秋月型駆逐艦

これまでの水雷戦隊用駆逐艦とはまったく異なる構想で設計されたのがわたしたち秋月型なの。将来の航空戦を見越して新型の長10㎝連装高角砲を前後、背負式に4基搭載した姿は従来の駆逐艦になかったもので、敵からは軽巡洋艦と間違われたほど。
私が艦隊の空を護ってあげるね！

日本海軍駆逐艦 秋月
フジミ 1/700 インジェクション
プラスチックキット
製作／細田勝久

秋月 1941 新造時
軽巡夕張に匹敵するような船体サイズに、新開発の九八式10㎝連装高角砲を4基搭載した姿はまさに防空巡洋艦といったところ。それは航空新時代における駆逐艦の先駆けであった

秋月

「長10㎝砲ちゃんと高射装置、よし、万全ね！さあ始めましょう！」

敵機の空襲を寄せ付けない艦隊直衛の防空駆逐艦

サイズは軽巡夕張とほぼ同じ！
対空火器をぎっしり詰め込んだ
日本海軍最大の駆逐艦

10cm連装高角砲+94式高射装置　25mm連装機銃　61cm四連装魚雷　九四式爆雷投射機

全長134.2m、基準排水量2700トンという秋月型は、軽巡夕張の全長139.99m、基準排水量2890トンとほぼ同じ大きさ（1/700で8.2mmの差）。アメリカ軍が新型軽巡と見間違えたのも無理もない。これに九八式10cm連装高角砲4基、九四式高射装置2基（ただし後部の1基は未搭載に終わる）と四連装魚雷発射管1基を搭載するという、平賀造船中将もビックリの内容だ。ちなみに、61cm魚雷4本というのは夕張と同じ射線数なのだ！

いろいろ試してみてもいいかしら？

大艦巨砲主義よさらば
時代は防空戦よ

太平洋戦争は戦前に考えられていたような戦艦同士の水上砲撃戦はほとんどなかったの。その代わりに海戦の主役となったのは空母部隊。砲雷撃戦に特化して建造された巡洋艦や駆逐艦は徐々に活躍の場を奪われていきます。戦いの環境の変化に対応するため各艦は対空火器を大幅に増強、中には主砲の代わりに高角砲を増備した防空巡洋艦に改装された艦も存在もしました

太平洋戦争の開戦と同時に、自ら航空兵力の戦いかたと破壊力を見せつける形となった日本海軍は、水上艦艇の対空防御力を次第に強化していった。とくに、制空権の確保が難しくなった大戦中期以降は、秋月型などの新造艦のほか、対空能力向上に特化した改装を施された艦が次々と登場している。
例えば本コラムで紹介している重巡摩耶や軽巡五十鈴は、対空機銃の増備だけでなく、本来の水上艦艇としての"攻撃力の要"ともいうべき20.3cm主砲、14cm主砲を撤去して12.7cm高角砲に積み換えるという有り様だ（五十鈴などは従来の主砲を全て、である）。同じく、ミッドウェー海戦後に、敵空母の飛行甲板破壊をもくろんで艦上爆撃機を発艦させるためとして航空戦艦に改装された伊勢、日向ではこの12.7cm連装高角砲がそれまでの4基8門から8基16門へと倍にまで増強されている。これは新造時の大型戦艦よりも2門多く、金剛型や扶桑型、長門型とは比べ物にならない数であり、「航空戦艦であり、防空戦艦でもあった」と言うこともできよう。
また、夕雲型で仰角を75度に引き上げたりとはいえ、大仰角をかけたまま弾薬の装填ができない主砲（ようするに平射砲の域を出ない）を、思い切って12.7cm高角砲にした松型・橘型などは、それまで対空能力"0"であった駆逐艦の対空火力を各段に向上させたことになる。
こうした対空能力の向上はもちろん高角砲や機銃を搭載するだけでは不充分で、高射測距儀、高射装置や機銃指揮装置により組織的な管制射撃を行なうことで初めて発揮される。
なお、こうした対空射撃は敵爆撃機そのものではなく、自艦への爆撃照準をそらしたり、雷撃機の魚雷発射をより遠くで行なわせるなどができればよいのである。

摩耶 1944 レイテ沖海戦時

日本海軍重巡洋艦 摩耶
フジミ 1/700
インジェクションプラスチックキット
製作／野々上秀樹

▲1932年6月に高雄型4番艦として竣工したのが摩耶。同型艦のうち本艦だけ主砲仰角を妙高型と同様55度としていたのは有名。太平洋戦争中の本型は艦体小型化などの近代化改装を実施した高雄、愛宕と、ほぼ新造時の姿のまま開戦を迎えた鳥海、摩耶のふたつのグループに分けられるが、摩耶については1943年12月にラバウルでの空襲で受けた損傷の修理を実施した際に、3番主砲を撤去して12.7cm連装高角砲2基を搭載（同時に中央部の12cm単装高角砲も12.7cm連装高角砲に換装）、艦橋前に25mm三連装機銃を3機増設し、21号電探を搭載するなどの改装を受け（魚雷発射管も四連装に換装）、前述のこのグループの折畳剣外鈑となっている。1944年6月のあ号作戦、10月の捷一号作戦に参加したが、10月23日に敵潜水艦の雷撃を受け沈没

▼巡洋艦として旧式化しつつあった5500トン級第2グループの五十鈴は、1943年12月のアメリカ軍のマーシャル諸島侵攻による空襲で損傷を受け、その改装を実施する際に7基あった14cm主砲の全てを撤去し、八九式12.7cm連装高角砲に換装して防空巡洋艦として生まれ変わった（なお、防空巡という艦種は日本海軍には存在しない）。1944年9月に改装なった五十鈴は対潜水艦用機動部隊（アメリカでいうハンターキラーグループ。ただし空母はいない）として新編成された第三十一戦隊の旗艦となり、10月の捷一号作戦では小澤機動部隊の一員として参加（本作戦中の三十一戦隊旗艦は大淀）、敵機撃墜13機を報じている。11月に敵潜の雷撃を受けるとも損傷修理をシンガポールとスラバヤで行ない、1945年4月1日に修理完了するが、陸軍作戦に協力中の同月7日にまたまた潜水艦の雷撃を受け沈没している

▶高角砲や対空機銃は本来単独で使用しても効果が薄く、高射装置などの指揮による弾幕を張ることで力を発揮する。ただ大戦末期に増設された機銃は個別の砲側照準によって使用された

◀25mm機銃については各艦での戦訓、評価はまちまちなのだが、単装機銃は艦の傾斜が増した時に射撃不能となるため、「これをやめて3連装機銃にしたい」という意見も見られる

五十鈴 1944 レイテ沖海戦時

日本海軍軽巡洋艦 五十鈴
フジミ 1/700 インジェクションプラスチックキット
製作／けんたろう

駆逐艦編

大戦中に建造された日本海軍の駆逐艦シリーズ

太平洋戦争時に建造された駆逐艦は大きく分けて4タイプ。戦前からの思想を昇華させた艦隊決戦用の甲型、防空用の乙型、高速重武装の実験艦的な存在の丙型、そして大量生産、艦隊護衛用にスペックを抑えた丁型があります。ここではそれらのデザインについて確認してみましょう

甲型 魚雷攻撃に特化した艦隊型駆逐艦の至宝
陽炎型・夕雲型

艦隊決戦における駆逐艦の任務はジャイアントキリング、すなわち必殺の雷撃により敵艦艦を撃沈することだ。特型や白露型などでの試行錯誤を経て朝潮型で定まり、陽炎型、そしてその改良型ともいえる夕雲型で昇華したのが甲型と呼ばれる艦隊型駆逐艦。61㎝四連装魚雷発射管2基で8射線を構成し、次発装填装置との連繋で1艦で最大16射線の魚雷の網を張る。主砲は12.7㎝連装砲3基6門だったが、陽炎型の後期残存艦は2番主砲を撤去して25㎜機銃を2基増設した（夕雲型はそのまま）

日本海軍駆逐艦 浦風
フジミ 1/700 インジェクションプラスチックキット
製作／岩重多四郎

乙型 機動部隊の防空に特化した大型駆逐艦
秋月型

将来的な航空機の発達を見越し、これに対抗するための防空艦として計画され、駆逐艦のくくりで建造されたのが乙型と呼ばれる秋月型。主砲となる65口径長砲身の九八式10㎝連装高角砲は当時の艦隊用高角砲としては随一のもので、4基を搭載。半自動装填で1分間に20発弱の弾丸を発射できた。九四式測距儀との組み合わせは艦隊の守護神としての存在を十二分に発揮したが、当初計画されていた本型4隻以上での艦隊防空を行なうことができたのは捷一号作戦の小澤機動部隊随伴という一度きりだった

日本海軍駆逐艦 秋月
フジミ 1/700 インジェクションプラスチックキット
製作／岩重多四郎

丙型 40ノット超の高速と五連装魚雷発射管を備えた韋駄天娘
島風

40ノットを超える最高速度を記録した峯風型の先代の名を襲名した2代目島風は、日本建艦技術の証明ともいえる。アメリカの高速戦艦の速力に対抗できるよう、再び40ノットを目指したもので、そのため7万5000馬力の機関を採用している（甲型は5万2000馬力で35ノット）。零式61㎝五連装魚雷発射管3基で15射線（ただし次発装填装置なし）というのは甲型のほぼ倍の攻撃力であり、1隻だけ作られたため実験艦としてみられることもあるが、一時は本型16隻の建造も考えられていた

日本海軍駆逐艦 島風
タミヤ 1/700 インジェクションプラスチックキット
製作／岩重多四郎

丁型 時代の趨勢にあわせて登場した護衛駆逐艦
松型・橘型

贅沢な艦隊決戦用から脱却して、汎用性の高い第2次世界大戦型の駆逐艦として戦中に多量建造されたのが松型とその改となる橘型。工期短縮を考慮して直線的な船体線図を用意、ブロック建造方式の採用などで1944年4月に1番艦の松が竣工して以来、終戦までの間に32隻が戦列に加わっている（一部実戦の機会を得なかったが）。戦時急造とはいえ主砲は八九式12.7㎝高角砲を採用し、61㎝四連装魚雷発射管1基を備えるなど堂々としたもので、最大速力も27.8ノットを維持している

日本海軍駆逐艦 松
タミヤ 1/700 インジェクションプラスチックキット
製作／岩重多四郎

艦これはみだしコラム

魚雷の頭部は何色？（1）／きらびやかな艦娘たちがときに背中にしょっている魚雷発射管には、頭部を赤や黒に塗られた魚雷が装填されているが、これには意味がある。爆弾と違い、魚雷というのは使い捨てではなく非常に高価な兵器で（海軍関係者は"芸術品"とも評している）、実戦で使用するまでは訓練で何度も発射され、回収して調整、整備ののち再び使用される。こうした訓練の際に使用されるのが駆水頭部（くすいとうぶ）と呼ばれる、炸薬の代わりに水を詰めたもの。これが赤く塗られた頭部である

開発 小さな船体に武装を満載 駆逐艦の装備する兵装一覧

駆逐艦の主兵装はなんといっても雷装。とくに日本海軍は61cmという大口径の酸素魚雷を装備しておりその威力には絶対の自信を持っていました。ここでは駆逐艦に装備されたさまざまな装備を解説します

12cm砲

江風（かわかぜ）型駆逐艦以降、峯風型、神風型、睦月型という1等駆逐艦だけでなく、2等駆逐艦の樅型にも搭載された主砲で、45口径三年式12cm砲と呼ばれる、イギリスのQF砲に範をとったもの。駆逐艦の源流は「水雷艇を駆逐する艦種」というところにあるが、そうした考えから、艦隊決戦において自分自身が大型艦へ対して雷撃を行なうというベクトルへシフトしはじめた時期の火砲といえる。峯風型12番艦の帆風までは直線的な防楯形状をしており、13番艦の野風（主砲配置を変更し、改峯風型とも分類される）以降は神風型、睦月型と同じ形となった

旧式駆逐艦に搭載された平射砲

12.7cm砲

吹雪型（特型）以降夕雲型まで、そして島風などの艦隊型駆逐艦が搭載した主砲が50口径三年式12.7cm砲。当初は最大仰角40度であったが、綾波型（特II型）以降は75度に引き上げられ、砲身が別々に俯仰できるように。ただ、大仰角で撃てるのと対空射撃に使えるのとでは意味が違い、初春型の一部、白露型、朝潮型、陽炎では55度に引き下げられた。戦中に登場した夕雲型、島風で再び75度となったが、それだけでは対空砲としての性能は不十分であった

大半の駆逐艦に搭載された駆逐艦の主力砲

12.7cm高角砲

もともとは戦艦や空母、巡洋艦などの大型艦艇に搭載するために開発された連装高角砲で、40口径八九式12.7cm高角砲と呼ばれるもの。ただし駆逐艦では松型（丁型）において初めて主砲に採用された。このあたり、航空攻撃が激化した時期に松型が建造されたことの現れともいえるが、主砲化に当たっては水上戦闘にも使用できるよう電動機の出力を上げ、旋回や俯仰のスピードを向上させたものとなっていた。また、単装砲架は松型のためにわざわざ開発されたものといわれている。なお、高角砲（高射砲）は単に対空射撃に使えるというだけではなく、大仰角をかけたまま、弾薬の装填ができるものをいう

日本海軍の主力高角砲

10cm連装高角砲

防空駆逐艦たる秋月型が搭載した、近代的な日本海軍の駆逐艦のなかではもっとも小さな口径の主砲で、65口径九八式10cm連装高角砲と呼ばれるもの。海軍内では特徴ある長砲身から"長10サンチ砲"の愛称で呼ばれていた。初速1000m/秒、最大射程1万9500m、最大射高1万4500mを誇り、1門あたり1分間に19発射撃が可能。秋月型では連装4基を搭載しているので、九四式高射装置の管制射撃により単純計算で1分間に152発の弾幕を張ることができることとなる。空母大鳳や軽巡大淀にも搭載され、陸上砲台にも据え付けられるなど、艦隊の守護神的アイテム。砲身寿命が短く、高価なのが難点だった

長砲身で射程も長い新型高角砲

雷装

もともと雷撃を主な攻撃手段としていた水雷艇のお株を奪いとる形で発展した駆逐艦という艦種。近代的な日本の駆逐艦のうち、神風型までが装備したのが53cm魚雷とその発射管で、睦月型以降が搭載したのが61cm魚雷とその発射管である。後者に関していえば睦月型が連装、吹雪型以降が三連装、白露型以降が四連装で、島風だけが零式五連装発射管だ。有名な酸素魚雷（九三式魚雷）を竣工時から使用できたのは朝潮型が最初で、それまでは九〇式という空気魚雷を使用していた（朝潮型以前の一部の艦も酸素魚雷を使用できるよう改装された）。酸素魚雷は「気室」に納める空気を純度の高い酸素に置き換えることで射程を伸ばしたもの。完全燃焼されるため、排出される空気による水泡（雷跡）が出ないという副次的効果をもたらした

「大物を喰え！」駆逐艦の必殺兵器

対潜装備

敵潜水艦を撃沈するための兵器が爆雷。当初は艦尾に投下台を設けて対応、更に投下軌条が設けられたが、これでは投下範囲が直線になる（艦の航跡の範囲に限られる）ので、大戦中期以降、爆雷投射器を装備して舷側方向を含め"面"的にばらまき、敵潜水艦を攻撃できるようになった。九三式水中聴音機は一般的なパッシブソナーで、戦艦、巡洋艦、駆逐艦や潜水艦にまで搭載されたもの。潜水艦での使用例では、集団音聴音距離でじつに3万mにまで達したが、駆逐艦が敵潜水艦の音を捉えるには不適であった。三式水中探信儀は大戦中に実用化されたアクティブソナーで、パッシブソナーとしても九三式をしのぐ精度を誇った

潜水艦の跳梁を許すな

夜戦装備

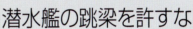

日本海軍、とくに水雷戦隊のとるべき戦術として猛訓練されていた夜戦において使用される艤装のひとつが探照灯（サーチライト）。夜間に照射することはいたずらに敵の的になるだけなのだが、これは指揮官先頭の精神で、旗艦が照射を行なうのが慣例。これにより味方の後続艦の存在をくらます効果もある。照明弾は主砲から発射されるもので、敵艦上空に打ち上げ、その存在を浮かび上がらせるためのもの。ただし、発射時の眩惑がひどく、禮号作戦の大淀では使用に工夫が必要という戦訓を得ている（今さらだが…）

水雷戦隊のお家芸を支える

艦これ はみだしコラム 魚雷の頭部は何色？（2）／駆水頭部を付けた魚雷は、演習などで発射されると目標艦の艦底を通過（あらかじめ深く調定されている）したあと、水を放出して蒸気を吐きながら水面に浮き上がる。この時に見つけやすいように赤く塗られているのだ（なくすと、帳簿上でも結構大変）。黒い頭部を付けたものは炸薬を詰め込んだ実用魚雷で、逆に視認性を低くするために黒く塗装されているというわけ。つまりこうした色分けは空気魚雷（九〇式魚雷）と酸素魚雷（九三式魚雷）の違いではないので勘違いめさらぬよう

これだけそろえれば安心
艦船模型製作に必要な工具一覧

このページではまず艦船模型に必要な工具をひと通り説明しましょう。なかにはDIYショップのもので代用が効くものもありますができれば模型専用の工具をそろえたほうがいいでしょう

より詳しく工具について知りたければこの本をどうぞ！

このページで紹介した工具は最小限のものです。「より詳しく工具のことを知りたい！」という人にうってつけなのがこの単行本『切る、貼る、削る。＆塗る』です。最新の模型工具の紹介と工具の正しい使い方が紹介されています。

『切る、貼る、削る。＆塗る』
大日本絵画刊／3200円＋税／カラー 128ページ／発売中

◀こまかな艦船模型の製作で最初に注意すべきはニッパーの選び方。同じように見えて模型用の精密ニッパーは刃の部分がプラスチックを切断するためにチューニングされています。薄刃なので金属パーツやあまり太いランナーをバシバシ切ると刃がすぐに傷んでしまうので注意が必要です。値段は2000～3000円ぐらいのものを選びましょう。基本的にニッパーは消耗品で5～6隻作ったら新しいニッパーに交換します。古いニッパーは真ちゅう線や太いランナーを切ったりする用に使うといいですよ

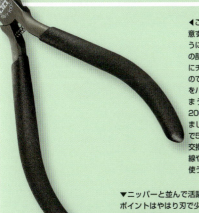

▼ニッパーと並んで活躍の機会が多いデザインナイフ。ポイントはやはり少しでも切れ味が落ちたらどんどん替刃に交換していきます。切れない刃で整形するとパーツを傷めてしまうことにつながります。刃は45°のものが一般的ですが奥まったところに届きやすい30°や丸刃のものもあるので用途によって使いわけます

▶模型のパーツの穴を開けるために使う工具がピンバイス。模型用には写真のようにドリル刃が付け替え式のものが便利です。肝心のドリル刃は0.3mm～3.0mm程度まで、とくに0.3～1.0mmの間は0.1mm刻みであるといいでしょう。もっとも細い0.3mmは真ちゅう線などを通す穴を開けるのに多用されますが、細すぎるために折れやすいのが欠点。ピンバイス本体から長くドリル刃を出すのではなく短めに刃を出して使用するといいでしょう

▶マスキングテープは本来の目的以外にも、さまざまな場面で便利に使えます。いろいろな幅のものをたくさん用意しておくことと、ケチらずにどんどん使いまくることが製作のスピードアップに繋がります。写真はアイズプロジェクトのミクロンマスキングテープ。空母の飛行甲板塗り分けなどに重宝します（詳しくは43ページ参照）

▶ピンセットは先端の合いの良さが重要です。安いものはズレていることが多くパーツをなくす原因にもなります。できれば1000～3000円ぐらいのものを選びましょう。写真のようなつる首タイプ、ストレートタイプの2種類を用意しておくと便利です

◀接着剤は使用方法や乾燥時間などによって使い分けます。大別すると粘度の高い通常タイプ（写真左の白フタのもの）、粘度の低いサラサラの流し込み用のもの（写真中央の緑フタと右の青いフタのもの）にわかれます。流し込みタイプは青いフタのものが接着時間が短く瞬間接着剤並の時間で乾くので急ぐときは便利です。逆に乾燥時間がほしいときは緑フタがいいでしょう

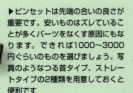

▶瞬間接着剤は流し込みタイプとゼリー状に大別されます。それぞれ特性があるので用途によって使い分けましょう。ゼリー状はエッチングパーツの接着等、多くの場面で使用します。一番右の黒い瞬間接着剤はパテ代わりに使うことができます。硬化剤と組み合わせればすぐに硬くなりヒケもほとんどないため一本あると便利でしょう

◀GSIクレオスの「Mr.ポリッシャーPRO」を使えば狙ったところをピンポイントで、しかも電動なのでとてもすばやくヤスることができます。製作スピードを上げるためにはぜひとも一本購入したいところ。先端のやすりは600番、800番、1000番がセットされていますが別売りの400番も同時に購入しておきたいところです

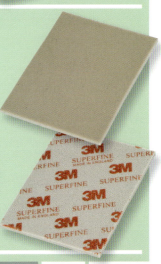

▶パーツの整形には耐水サンドペーパー（いわゆる紙やすり）を使用することが一般的ですが、それとは別に右のようなスポンジヤスリもあると便利です。スポンジヤスリは面圧に一定に保つことができ曲面追従性が高いので凸部ばかりが削れてしまうということも避けることができるのだ。場面によって使いわけましょう

◀精密な艦船模型がうまく作れない原因のひとつとして「見えていない」ということがあるかもしれません。自分ではうまくできたつもりでもあとでよく見るとパーツの接着面にすき間があったりずれていたり……そんなときはヘッドルーペを使用しましょう

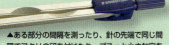

▲ある部分の間隔を測ったり、針の先端で同じ間隔でアタリの印を付けたり、ブスっと小さな穴を開けたりと、さまざまな場面で便利に使えるのがデバイダー。張り線工作などで重宝します

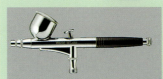

▶筆塗りでももちろん塗装は可能ですがエアブラシが使えればより短時間できれいに仕上げることができます。写真のハンドピースは0.3mmのもの。艦船模型の製作ならばだいたいこの1本で充分でしょう

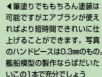

▶ハンドピースとセットで必要となるのがコンプレッサー。以前は高価なものしかありませんでしたが最近では2万円前後のものも登場しています。艦船模型ではあまり広い面積を塗る必要はないため入門用の安い機種で充分です

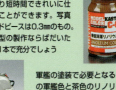

軍艦の塗装で必要となるのはグレーの軍艦色と茶色のリノリウム色、あとは煙突などに使う黒と主砲の防塵カバーなどに使う白、カッターなどに使うタンなどが必要となります。うすめ液（溶剤）も忘れず購入しておきましょう

艦これはみだしコラム 天津風は沈まず（1）／陽炎型9番艦として竣工した天津風は、開戦時には第二水雷戦隊麾下の第十六駆逐隊にあり、フィリピン攻略作戦、スラバヤ沖海戦などに参加、ソロモンの戦場へ転戦して第2次ソロモン海戦へ参加ののち、第3次ソロモン海戦（第1夜戦）では魚雷16本全てを発射して巡洋艦、輸送船各1を撃沈などの戦果を報じるが、自艦も被弾し、人力操舵でからくも戦場を脱出している。修理なった天津風は1943年中を地味に苛烈な輸送作戦に従事し、同年12月に雪風とともに海上護衛総隊へ編入された

アフターパーツを上手に使えばお手軽に精密な作品が製作可能なのだ

- 旗竿 自作
- 錨鎖 モデルカステン アキュレイトチェーン1.0号
- 12.7cm連装砲 ピットロード NEシリーズ
- 前部マスト 自作
- 窓枠 ライオンロア エッチングパーツ
- 雨除け格子 レインボー エッチングパーツ
- 空中線 モデルカステン メタルリギング
- 方位測定儀 フジミ エッチングパーツ
- 後部マスト 自作
- リール ピットロード NEシリーズ
- パラベーン ファインモールド ナノ・ドレッド
- 爆雷投射機 ファインモールド ナノ・ドレッド
- 手摺り トムスモデル エッチングパーツ
- 爆雷装填台 ピットロード NEシリーズ
- 探照灯 ピットロード NEシリーズ
- 魚雷発射管 ピットロード NEシリーズ
- 13mm連装機銃 ファインモールド ナノ・ドレッド
- 主錨 ファインモールド ナノ・ドレッド
- ラッタル ライオンロア エッチングパーツ
- スキッドビーム ライオンロア エッチングパーツ

NE
駆逐艦ディテールアップ用のアフターパーツが一箱に

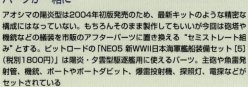

アオシマの陽炎型は2004年初版発売のため、最新キットのような精密な構成にはなっていない。もちろんそのまま製作してもいいが今回は砲塔や機銃などの艤装を市販のアフターパーツに置き換える"セミストレート組み"とする。ピットロードの「NE05 新WWII日本海軍艦船装備セット[5]（税別1800円）」は陽炎・夕雲型駆逐艦用に使えるパーツ。主砲や魚雷発射管、機銃、ボートやボートダビット、爆雷投射機、探照灯、電探などがセットされている

キットはアオシマ製のものを使用

キットはアオシマの陽炎を使用。最近のキットのような精密感に欠けるがパーツ数が少なく入門用にピッタリだ。製作当時は「天津風」のキットは発売されていなかったが、現在は「艦これプラモデル 天津風」が発売されている

張り線／チェーン

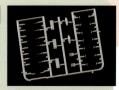

張り線と手すりは艦船模型の精密感を大幅にアップしてくれます。どちらも上級者向けと思われがちですが最近のマテリアルを使えば案外簡単にできるものです。張り線のポイントは実艦の全ての張り線を再現しようとはしないこと。すべてを再現するとうるさくなってしまうのである程度間引くことが必要です。また艦首の錨鎖もキットのままではモールドが控えめなことが多いため今回はモデルカステンのアキュレイトチェーン1.0号を使用しています

「アキュレイトチェーン1.0号」。ナイロン製の極細ナイロン組糸で肉眼では鎖状に見えるように加工されています。5m入りで税別1300円

「メタルリギング0.1号」。極細の金属張り線で艦船模型の張り線にピッタリ。0.1号は0.06mmで5m。価格は税別1800円。これひとつで1/700艦船が数隻製作可能

ナノドレッド
精密プラスチック製アフターパーツの代名詞

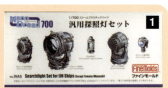

プラスチック製精密艤装パーツの代名詞ともいえるのがファインモールドのナノドレッドシリーズです。この商品が発売されるまでは実艦よりも大ぶりに整形された艤装パーツを使うか、エッチングパーツを使用するか、あるいは自作するしかなかったが、このナノドレッドシリーズの発売で大きく変わった。基本的にランナーから切り離すだけ（一部のセットは組立の必要あり）で、模型用接着剤で接着可能、もちろんプラスチック製なので塗装もOK。これにより艦船模型のディテールアップが飛躍的に簡単になったのだ。
ここで紹介する天津風はアフターパーツはピットロードのNE5を中心に使ったが25mm機銃などはもちろんナノドレッドシリーズのものを選択してかまわない

1 WA5 汎用探照灯セット（税別1200円）
2 WA12 アンカー・菊花紋章セット（税別1200円）
3 WA15 九三式13mm機銃セット（税別1200円）
4 WA16 掃海具（パラベーン）セット（税別1200円）

エッチングパーツ

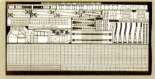

▶プラスチック製艤装パーツにより活躍の場は狭まったがエッチングパーツでしか表現できない部分がまだあるのも事実。今回は手すりなどトムスモデルの「722 IJN DESTROYER SET "B"」を使用した

▼海外製エッチングパーツは流通が安定しないためいつでも購入可能というわけにはいかない。フジミの「日本海軍駆逐艦 雪風 専用エッチングパーツ（税別1800円）」ならば入手しやすいだろう

▶ラッタルはライオンロアのものを使ったがこれも流通在庫のみで入手しづらいかもしれない。左のフジミのエッチングパーツにもラッタルもセットされているのでそちらを使用したほうがいいかも

慌てちゃダメ！まずは組み立て説明書をよく読んでネ！

●さぁ製作開始。でもその前に組み立て説明書をよく読んで塗装のタイミングなどをあらかじめ頭に入れておこう

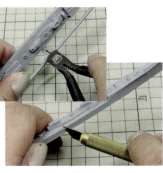

▲パーツの切り出し。ニッパーでランナーから少し手前で切り離します。いきなりパーツぎりぎりの部分で切るのは厳禁！ パーツを傷つけてしまうことになる可能性大。パーツに残ったランナーはデザインナイフで整形します

▲パーティングライン（プラモデルを射出成型する際の金型の合わせ目のライン）はデザインナイフなどでかんながけします。こまかいパーツなどはランナーについたままの状態で整形するといいでしょう。砲身の先端なども同様です

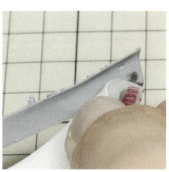

▲艦体に艦底パーツを接着したら、艦首付近のヒケを黒い瞬間接着剤（以下瞬間接着剤を瞬着と省略）で埋めて整形します。スポンジヤスリを使えば曲面の接着線もきれいに消すことが可能です

錨鎖をディテールアップ

▲艦首の錨鎖（錨につながった鎖）のモールドは控えめな表現のためディテールアップすることにします。まずノミで錨鎖モールドを取り除きます。周囲を傷つけないように細い平ノミを使用してください

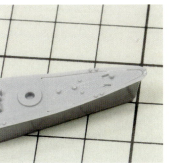

▲錨鎖を平ノミで削り落とした状態。今回のようにアフターパーツに置き換える工作の場合、キットのモールドを削り落とす機会は増えます。そんなときに細めの平ノミがひとつあると便利です

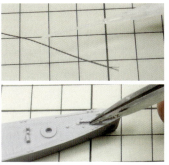

▲錨鎖は「アキュレイトチェーン0.1号」に置き換えます。まずばらばらにほどけてしまわないように流し込み系瞬着で切るポイント周辺に塗っておきます。その後切断し、甲板に瞬着で接着します

▲錨鎖を「アキュレイトチェーン」に置き換えることができました。実艦に比べるとややオーバースケールですがキットのモールドよりも立体的になりました。鎖はたるまないように気をつけて接着しましょう

▲艦橋窓のモールドを削り落としエッチングパーツに置き換えます。エッチングパーツの接着は次ページで説明します。爆雷投射機などの甲板上のモールドを切除。位置がわからなくならないよう、ピンバイスで穴を開けておきます

▲煙突頂部の雨除け格子のモールドも立体感に欠けるのでエッチングパーツに交換します。まず煙突の上端のモールドをデザインナイフで切り離し、その後ピンバイスで煙突の内部をくり抜くように開口します

煙突の頂部は手を加えると目立つよ！

▲エッチングパーツの雨除け格子はピンセットで加工し、瞬着で接着します。艦船模型の完成品は上から覗き込むように見ることが多いため煙突部分には手を加えると格段に精密感がアップします

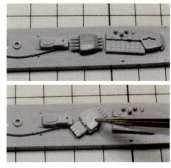

▲キットの魚雷発射管は側面のモールドがなくちょっとさびしい。なんといっても駆逐艦の主兵装ですからアフターパーツに交換します。ピットロードのNE05のパーツに置き換えようとしますがうまく艦体に収まりません

▲ピットロードのパーツの軸の位置がキットのものと異なるのが原因のようです（上写真、左がピットロードのパーツ、右がキットのもの）。裏側から黒い瞬着で埋めて（接着面積確保のため）から軸を切除します

▲艦首、艦尾の旗竿を差し込む穴は、もっと細い真ちゅう線に置き換えるので埋めます。伸ばしランナーを差し込んで接着剤で固定、余分な部分をカットします。同様にスキッドビームの穴もプラ片で埋めておきます

▲探照灯台などの丸い箇所には手すりはエッチングパーツに細い棒（写真ではピンバイスの根元部分）をあててピンセットの根元部分でぐりぐりすれば丸まってくれます。これを瞬着で固定すれば丸い手すりが完成

▲スキッドビーム（魚雷運搬用の器具）はエッチングパーツの曲げ加工が必要な部分で、今回の製作記事の中では難しい部分です。精度の高いピンセットかエッチングベンダーなどの器具を使って挑戦してみてください

艦これはみだしコラム　天津風は沈まず（2）／海上護衛総隊に編入された天津風は、空母千歳、僚艦雪風とともに1944年1月11日にヒ31船団の直衛として門司を出港したが、同16日に南シナ海で米潜水艦の雷撃を受け、命中魚雷1本を喫して第1煙突より先の船体を切断してしまう。艦長以下幹部は健在だった（86名戦死）が、艦橋がなくなったため航海作業ができず、およそ1週間も付近をさまよって23日になりようやく味方に発見され、二等駆逐艦の朝顔に曳航されてサンジャックを経てサイゴンへと回航された

ここから塗装に入りますよ～！

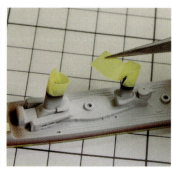

●ここから塗装作業に入ります。艦船模型の場合は軍艦色（グレー）、艦底色（暗い赤）、リノリウム色（茶色）がほとんどの面積を占めます。同じ色の部分は一気に塗ったほうが効率がいいですね。小さなパーツは船体とは別に塗装します

▲サーフェイサーを塗ったら、甲板のリノリウム部分（茶色い部分／モデルカステンの「帝国海軍リノリウム色」）と艦底の赤い部分（GSIクレオスの29番を塗ってしまいます。この段階では塗り分けのラインはだいたいでOKです

▲リノリウム色を塗った甲板上は小さく切り出した四角いマスキングテープで覆います。艦底部分はアイズ・プロジェクトの1mm幅マスキングテープ。底面にあわせて貼れば簡単にまっすぐ貼ることができます

▲煙突の頂部は煤煙で汚れるのを目立たなくするために黒く塗装されていました。煙突は船体に接着したあと黒に近いグレーを塗装したあとに写真のようにマスキングテープで覆っておきます。

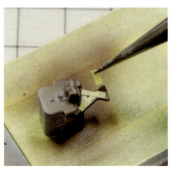
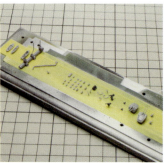

おっと失敗か!?慌てずにリカバリー

▲艦橋はこの段階ではまだ船体に接着しません。艦橋後部の張り出しの部分はリノリウム貼りのため、リノリウム色で塗装したあと、写真のようにマスキングテープで覆っておきましょう。その他の部分は軍艦色で塗装します

▲適当な台に幅広のマスキングテープの粘着面を上にして置き、その両脇を細いマスキングテープで抑えます。小物作業用のこの自作粘着作業台はとても便利です。同じ色で塗装するアイテムはここに集めておきましょう

▲全体に軍艦色を塗ります。天津風は舞鶴海軍工廠で建造されたためGSIクレオスの「舞鶴海軍工廠標準色」（SC03またはSJ3）で塗装するといいでしょう。今回は缶スプレーのものを空き瓶に移して濃度調節して使用しました

▲軍艦色が乾いたら、先に貼ったマスキングテープをはがしますが……先に塗ったリノリウム色がマスキングテープに持っていかれました。艦船模型の塗装では非常によくあることなので慌てる必要はありません！

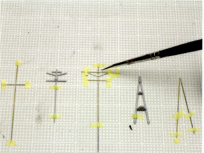

▲塗装が剥げた部分、塗り分けラインの追い込みが甘くて塗料が回りこんでしまった部分は筆塗りで修正しましょう。当然、ムラにはなりますが最後にフラットクリアーを吹くと目立たなくなります

▲ボートなどの小物類は先ほど紹介した自作粘着作業台の上で塗装します。ボート類はグレーと茶色がメインの軍艦の中ではカラフルで目を惹くポイントです。小さなパーツですが細い筆で丁寧に塗装しましょう

▲マストを細くディテールアップすると見た目が格段に向上します。できれば自作したいところ。カッティングマットの目盛りを横に置き、キットのパーツを横に置き、0.3～0.5mmの真ちゅう線で同じように組み合わせます

▲フラックスを塗ったらハンダごての先にハンダを少量つけ、ハンダ付けします。ニッパーで余分な箇所を切ってキットのパーツと同じ形にします。ちなみにフラックスがついたままだと塗料がはじかれるので綿棒で拭き取っておきます

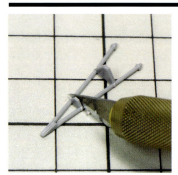

▲マストの中間にある足場や見張り所の部分はキットのパーツから切り取り、自作したマストに改めて取り付けます。すべてのパーツを自作するのではなく流用できる箇所を見極めることも大事です

▲平面の上では作りにくい箇所は、艦上で組立ながら作っていきます（艦首艦尾や艦尾の旗竿の支柱も同様）。これらの組立はそれほど強度が必要ないためハンダ付けではなく瞬着を使用します

▲陽炎に比べ、天津風の烹炊室用煙突（H型の箇所）は高い位置にあったとされています。しかし延長せずとも、指でくいっと曲部のRをゆるくするだけで再現できちゃいます。陽炎型では烹炊室用煙突がH型でなかった艦も存在します

▲武装や艦橋、ボート類などの取り付けもほぼ終わりました。アオシマの陽炎型をベースにいくつかの艦装パーツをアフターパーツに置き換えるだけで見違えるほど精密な作品となりました。この時点で完成としてもいいでしょう

艦これはみだしコラム

天津風は沈まず（3）／天津風はほぼ1年近くの間、修理の見込みがたたなかったが、内地へ回航しての修理をもくろみ、応急修理ののち1945年3月にヒ88J船団の一員として内地へ向かう。しかし、度重なる攻撃でヒ88J船団は全滅。天津風のみ4月2日に香港へたどり着いた。4日にホモ03船団として出港した本艦はやはり空襲により船団と分離、単艦で日本へ向かう。6日にはアモイ沖で18機のB25の空襲を受け、反跳爆撃により3発被弾し主砲を破壊されるも3機を撃墜、2機を撃破してこれを撃退した

▲ここからは上級編です。エッチングパーツの手すりなどを紹介します。手すりはランナーについたまま塗装します。プライマーを塗ったあとに艦体と同じグレーで着色、取り付けの工程で剥げてしまった箇所を筆でリタッチします

▲手摺りを付ける箇所の長さを測り、その長さに手摺りを切り取ります。マスキングテープの上にゼリー状瞬着を出し、手摺りに付けたら船体に取り付けます。ちなみに台にしているのはマスキングテープを貼ったスプレー缶のフタです

▲次にゼリー状瞬着と流し込み系瞬着の2種をマスキングテープの上に出しブレンドします。流し込むこともできるけど流れ過ぎず、効果時間も適度な、両者のいいとこどりのブレンド瞬着を作ります。

▲すくいとり棒（2cmぐらいののばしランナー。最初に複数本準備しておくと便利です）を使い、ブレンド瞬着を手摺りと船体のあいだに流し込んでいきます。すくいとり棒はピンセットでつまんで使用します

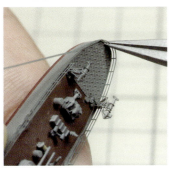 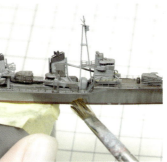  

▲艦尾などの曲面の手すりはピンセットでつまんで丸め、位置が決まったところをブレンド瞬着で固定していきます。この作業を繰り返せば曲線のところにも簡単に手摺りが取り付けられます

▲艦体のウェザリング（汚し塗装）もやってみましょう。全体にウォッシングします。エナメル塗料を思いっきり薄め、フラットブラウンやブラック、オリーブドラブを天地方向ににスジが残るように塗っていきます

▲主錨やディテールのあるところなどを中心に、艦底色で錆を描き込んでいきます。艦首甲板上の錨鎖も同様に錆色を入れましょう。ただしやりすぎには注意。1/700スケールでは錆などは控えめにしましょう

▲エナメル溶剤（うすめ液）を含ませた綿棒でこすり、錆を描き込んだところを拭き取りつつ少しだけにじませます。綿棒はあまり安いものだと毛がほぐれてきてキットに付いてしまうことがあるので注意。うまくいかなかったらやりなおせばOK！

「張り線だって怖くない！」

▲ここまで作ったのならばできれば空中線も張ってみたいところです。まずは張り線の長さを測る必要があります。前部マストと後部マストの間など間隔の広いところは定規で長さを計測します

▲前部マストに上下に張られた空中線など短い部分は定規は入りにくく長さを測るのが難しいことがあります。こういった場合はデバイダーで長さを計測します。デバイダーがあれば入り組んだ箇所の長さの計測も簡単です

▲空中線はモデルカステンの極細金属線、「メタルリギング0.1号」を使いました。自然なたるみを再現するため、測った長さよりも少し長めに切り出します。メタルリギングはデザインナイフでカッターマットに押し付けるように切断します

▲張り線は基本的に下から固定していきます。上へ（前部マストと後部マストの間のような長い空中線は上から下へのほうがいいでしょう）。自然なたるみをつけつつブレンド瞬着で上側をちょん、と固定します

▲より確実な固定のために、先ほど紹介したのばしランナーのすくい棒を使ってブレンド瞬着をさらに流し込みます。その後、張り線の余分な箇所をニッパーでカットします。ニッパーは金属用のものを使用してください

▲張り線だけでも充分ですが、さらに精密感をアップするために碍子を再現してみましょう。やり方は簡単です。ゼリー状瞬着を少量すくい取り、空中線上に水滴状になるようにつけるだけです

▲瞬着が完全に乾くのを待ち、乾いたらフラットホワイトで色を付けます。空中線自体は細くて肉眼では見えるか見えないかの太さです。この簡単なひと手間だけで、空中線がぐっと引き立つことになります

▲旗などを取り付けたら、最後にフラットクリアーをサッと吹きます。全体のツヤが整えられ落ち着いた雰囲気となり、筆でリタッチした箇所も目立たなくなります。これで天津風は完成です！

艦これはみだしコラム 天津風は沈まず（4）／4月6日の夕刻にやっとのことでアモイ湾へたどり着いた天津風。こうした港湾施設がない場所では錨泊ということになるが、艦の前半部がない同艦には不可能なことで、ついに座礁してしまう。不運は重なるもので、ここは中国軍の勢力圏に近い。海軍艦艇は船同士で戦うためのもので、地上軍と戦う装備は整えていないのだ。ここで艦の処分を決めた乗員たちは4月10日、ついに天津風を自沈させた。半身となってなお、敵に首級を挙げさせなかった不屈の駆逐艦の姿は、米軍の記録写真に留められている

航空母艦編

大鳳 1944 マリアナ沖海戦時

大鳳といえば「あ」号作戦直前の1944年3月に全軍の期待を背負って竣工した最新鋭空母として有名。アイランド型艦橋と一体化した斜め煙突を備える様子は日本空母の最終進化形ともいえ、最大の弱点ともいえる飛行甲板の下には、急降下爆撃をはねのける、ぶ厚い装甲板をまとっていた

航空母艦大鳳

日本海軍が建造した大型空母の集大成といえるのが大鳳です。特徴はなんといっても飛行甲板に施された装甲で、急降下爆撃機の攻撃にも耐えることができる日本海軍ではじめての空母だったんですよ。艦上機も電探も対空火器もすべて最新鋭のものを搭載し、艦隊の期待を一身に背負った第一機動艦隊旗艦。
精鋭の装甲空母の本当の戦い、見せてあげる！

日本海軍航空母艦 大鳳
フジミ 1/700
インジェクションプラスチックキット
製作／Takumi明春

最新鋭正規空母
大鳳、出撃！
自慢の優秀な子たち
皆、いい？いくわよ！

水平線の彼方の敵艦を警戒
21号電探
1942年に翔鶴が搭載して以来、日本空母とも っとも縁が深いともいえる対空用電探がこれ。大鳳では艦橋トップと後部に2基搭載しているが、飛行甲板に隠顕式（昇降格納式）に装備する空母もあった。

初速の向上した最新鋭対空火砲
10cm高角砲
65口径という長砲身に由来して"長10サンチ砲"と愛称され、秋月型駆逐艦に搭載されたことでも知られるのが九八式10cm連装高角砲。大鳳では6基を搭載して、九四式高射装置との連繋で対空射撃が行なえた。

もっとも汎用性の高い対空機銃
25mm三連装機銃
日本海軍の全艦艇が搭載したともいえる対空機銃。緒戦時には連装が多かったが、大鳳が就役した頃には三連装が主流となっていた。なお、射撃は1銃ずつ行ない、弾倉交換での切れ間ができないようになっていた。

九七式艦上攻撃機の弟分たる新鋭艦攻
天山
空母艦攻隊の悲願であった新鋭機が天山で。速度、航続距離も向上、ロングレンジでの作戦行動が可能となったが防弾タンクなどの装備が整わず、思わぬ苦戦を強いられた。空母に搭載されたのは12型。

艦隊防空と攻撃隊の露払いに
零式艦戦52型
開戦以来、空母艦戦隊の装備機は零戦21型が主流であったが、1943年秋から一気に52型へ更新され、大鳳もこれを搭載した（ただし戦爆隊は21型を使用していた）。

その名のごとく太平洋を駆け抜けた高速艦爆
彗星
十三試艦爆として空母蒼龍に搭載され、二式艦偵の名で数々の戦いに参加した彗星が、晴れて艦爆として艦隊決戦に挑んだのがマリアナ沖海戦。大鳳など1航戦が搭載したのは11型と呼ばれるタイプ。

スレンダーな船体に均整の取れたアイランド型艦橋を載せ、低く抑えられた大鳳のシルエットは重厚というより優美に映る。かくも飛行甲板が低く設けられたのはその下に敷き詰められた装甲板によるトップヘビー対策のため。艦首が飛行甲板と一体化したような形状（エンクローズドバウという）になっているのも、姿勢が低いための波浪対策のひとつだ。

翔鶴型をベースに装甲化した飛行甲板をまとう

蒼龍の建造で近代的な高速正規空母を手にした日本海軍が計画したのが翔鶴型。しかしその建造中から、飛行甲板に被弾した際に空母としての機能を喪失することは懸念されており、翔鶴型を基本型にした装甲空母が計画される。ただし、空母同士の戦いで飛行甲板を破壊してくる敵機は艦爆が有力だからこの急降下爆撃をしのぐ性能を有すればよい（大型爆弾による水平爆撃は回避が容易で、まず当たらない）。こうして実現した大鳳は、艦船としてもっともやりたくない"重量物をトップ近くに持ってくる"艦だからその軽減策には特別な配慮がなされた。高角砲を8基から6基に減らし、格納庫を1段（翔鶴型など一般的な正規空母は2段だから、搭載機数も減少する）としたのも、装甲板の位置をなるべく低くするためだ。こうした背景から同艦の外貌は翔鶴型と大きくかけ離れたものとなっているのである

翔鶴

大鳳

▲翔鶴型と大鳳の違いは両者を並べてみれば一目瞭然。大鳳ではエレベーターを2基に減らして前後に離して設置、対弾性を高めており、艦橋も右舷側から外側へ張り出して搭載し、飛行甲板をよりクリアーにしている。また、両舷に搭載された連装高角砲は8基から6基へと減っていた。なお、大鳳の飛行甲板前縁を白く塗っているのは敵味方識別のため。

航空母艦大鳳模型紹介　建造

パーツ数も少なく手軽に製作可能なタミヤ

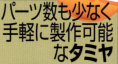

1972年の発売以来長らく親しまれているタミヤの大鳳は、現在の目で見てもその出来は秀逸といえ、よく資料のない時代、これだけの精度で開発できたものだと感心させられる。なお、今でこそ天山は日本艦載機後期型セットとして発売されているが、当時は本キットのランナーにパーツ化されている1機しかなく、それも含めて子供たちにとってはあこがれの大型艦キットのひとつだった。価格は税別2400円

飛行甲板が異なる2種類のキットを開発したフジミ

フジミからは2010年になり1/700スケールで大鳳が新開発されたが、なんとそれが2種類ある。大きな違いは飛行甲板で、一方は装甲板上の飛行甲板をラテックス張りとしたタイプ、もう一方は従来の空母と同様に木甲板としたタイプを再現している。これは諸説あるうちの両方のキットに踏み切ったものといえ、同様な例にはやはり同社でキット化された軽巡五十鈴がある。価格は税別2800円

艦これ はみだしコラム　浮沈化対策の徹底／大鳳の損失原因が航空機用ガソリン庫にひびが入り、ここから漏れだしたガソリンが気化して格納庫内にたまったためという分析は早くからなされていた。このため、残存の航空母艦は海戦後すぐにガソリン庫の周囲の空洞部分にコンクリートを充填するという浮沈化対策がとられたという。またこの頃になると艦内の装備品（たとえば木製の机類やチェストなど、水に浮くものでも）の多くは不燃化対策のため陸揚げされ、逆に沈没時の戦死者の増加に拍車をかけることになった

航空母艦編

雲龍型航空母艦

新生機動部隊の主力中型空母 雲龍型1番艦、抜錨する

日本海軍航空母艦 雲龍
フジミ 1/700
インジェクションプラスチックキット
製作／Takumi明春

空母による戦いが中心となった太平洋戦争において主力量産空母とされたのが雲龍型なの。空母飛龍をベースに設計された雲龍は装甲こそないものの新型機の運用も最初から織り込まれたバランスのとれた中型艦で大戦後期の主役となるはずの存在だったわ。
新編された機動部隊の主役はこの雲龍に任せてもいいのよ

ウンリュウ
雲龍 1944 最終時

日本海軍の量産型高速中型空母の1番艦として建造されたのがネームシップの雲龍。改飛龍型ともいわれるのはちょうど飛龍の艦橋を右舷前部に移設したような艦型だったからだ。マリアナ沖海戦で大敗を喫した日本海軍は本艦とその同型艦を中心とした新生第一航空戦隊の編成に取りかかったが、搭載する第601航空隊の再建のめどが立たず、1944年12月、ついに輸送艦として桜花を搭載してフィリピン・マニラを目指すこととなる。

翔鶴型の贅肉を削ぎ落としたかのような雲龍型のシルエットは、まさに日本空母らしさの体現と評することができる。右舷前部に据えられた艦橋は飛龍を経て蒼龍より大型化され、より精悍なマスクになったほか、吸排気トランクが艦内に納められたため舷側がすっきりしているのも改善された点だ。12.7㎝連装高角砲は蒼龍以来同じく6基が配置されている。なお、作例では半ばフィクションとして攻撃隊発艦直前の姿を再現しており、こうした様子を楽しむことができるのも模型ならではのもの

飛龍 製作/野々上秀樹

雲龍 製作/Takumi明春

飛龍から雲龍型へ戦時量産型空母としてどこが変更された?

最初に建造した鳳翔、巡洋戦艦と戦艦の船体を転用して建造した赤城、加賀以来、大型・中型の航空母艦の建造に試行錯誤してきた日本海軍がようやくたどり着いたのが雲龍型という答えだ。その原型となったのは中型高速航空母艦の飛龍であり、この艦配置を改善したものと考えれば話は早いのだが、両者の上面写真を見比べながら細かい部分を見てみよう。まず最初に目につくのが今述べた艦配置の変更だ。これは蒼龍の建造時には右舷前方にあったものを、気流の乱れと煙突の煤煙を分散させるためとして飛龍建造の際にわざわざ左舷中央に持ってきたもの。ところが実際にやってみた結果、これでは右左両方から気流が乱れることになりかえって具合が悪くなった。また、着艦の際には左舷側の着艦信号灯を見ながらおりてくるため視界のなかに艦橋後部の信号旗などが目にちらつき落ち着かない、などの意見が湧き上がり、翔鶴型の建造途中で右舷前部の位置に変更された経緯がある(このため、翔鶴型では艦橋が飛行甲板の上に乗ったような形となり、この部分の飛行甲板幅が狭いと指摘される結果になる)。もうひとつは飛行甲板と格納庫を繋ぐ昇降機(エレベーター)の数が3基から、中央の1基を削減した2基へと減っていることだ。これはもともと格納庫面積の拡大を狙ったものだったが、前述のとおり舷側の吸排気トランクを舷側内に納めたことにより相殺されてしまった。昇降機のサイズ自体も大型化した艦上機の運用に対応できるよう、14mにアップサイズされたものが搭載されていた。また時節を受けて、雲龍では噴進砲や25㎜機銃スポンソンが増設されている。

大戦末期に空母を中心に装備された噴進砲ってなに?

「艦これ」の世界にも登場する噴進砲(ふんしんほう)は12㎝ロケット弾の発射機だ。日本海軍が開発した一般的なものは28連装のもので、マリアナ沖海戦直後の1944年7月以降、残存の空母と航空戦艦伊勢、日向に優先して搭載されている。空母でのおおよその装備位置は、スペースに余裕のあった飛行甲板前方両脇というのがプロパーだ。このロケット弾は1500mと500mの2段階に信管を調整することができたが、これがいささか問題だった。同時に発射された弾は先に500mの時点で爆裂し、ついで1500mに調整したものが爆裂するので、迫りくる飛行機に対する弾幕としては逆効果になってしまうのだ(飛行機を迎え撃つようにまず1500mで、ついで500mで爆発させればよい)。ともあれ敵機撃退の方法としてはもっとも有力視された新兵器だった

雲龍型航空母艦模型紹介 建造

同型艦3隻が発売中のアオシマ

ウォーターラインシリーズでも古くからアオシマ担当でラインナップされていた雲龍型は、いろいろな意味でマニア泣かせの内容だったが、同社により2012年以降順次リニューアルされ、今では3隻そろって精悍な艦容を手軽に楽しめるようになった。いずれも上部格納庫甲板が再現されており、2番艦天城では艦尾の短艇甲板の新パーツを加え、3番艦葛城では工作簡略化のため角型になった機銃スポンソンを再現するなど新考証が反映された名キットに仕上がっている。搭載機も末期仕様の紫電改や烈風なども用意されている。価格は税別3000円

竣工時と最終時が再現されたフジミ

アオシマのリニューアルキットとほぼ同じく2012年に発売されたフジミの雲龍。竣工時と最終時(終焉時)の2タイプが発売されている。最終時には竣工時にはない噴進砲など対空兵装が強化された姿を再現されておりボーナスパーツとして桜花も付属する。価格は税別2800円

格納庫が一部再現されたピットロード

同社初の大型艦キットとしての金字塔を立てた意欲作で、雲龍、天城、葛城の3隻をラインナップ。葛城のスポンソンを角型にするなど考証面でも一歩進んだ内容だった。格納庫甲板の一部再現も新鮮だった。価格は税別3500円

航空母艦編

航空母艦龍鳳

日本海軍航空母艦 龍鳳
フジミ 1/700
インジェクションプラスチックキット
製作／Takumi明春

潜水母艦とは世を忍ぶ仮の姿
空母に生まれ変わった
龍鳳の姿、
お見せしたいと
思います！

軍縮条約に空母の保有数を制限された日本海軍は制限外の潜水母艦として建造されたのが大鯨です。でもこれは戦時にはたちまち空母へと変身できる仮の姿。最初からエレベーターを備えるなど空母予備艦として設計されていました。また当時最新の電気溶接や大出力ディーゼル機関を搭載する実験艦的な要素も併せ持っていました。消耗戦となった大戦中期以降、正規空母を補う軽空母として艦隊を支え続けたんですよ

リュウホウ
龍鳳 1945 最終時

ロンドン条約で保有制限を設けられてしまった航空母艦。日本海軍がその抜け道を狙って表向きは潜水母艦として建造し、時来たらば迅速に空母へ改装できるようにとあらかじめ2種類の設計図を用意したのが大鯨だ。ただディーゼル機関や電気溶接など新機軸を盛り込んだ実験艦としての性格も強く、かえって空母改装に手間取ってしまった

空母改装用の艦艇としてはもっとも古くから計画されていたのが大鯨だったが、改装中にドゥーリットル空襲を受けて被弾するなどの不運にも見舞われ、実際には高速給油艦剣埼改め祥鳳、高崎改め瑞鳳に大幅に遅れる形で1942年11月に改装完成している。ちょうど空母決戦が空白となっていた時期で、一時は機関故障を起こした飛鷹の飛行機隊を吸収するなど龍鳳飛行機隊は母艦の搭載機数の3倍近くにまでふくれあがったこともあった。その後、652空を搭載した龍鳳は、1944年6月のマリアナ決戦に参加した。

よく似た瑞鳳と龍鳳 見分けるポイントは エレベーターの 配置とバルジ

龍鳳

瑞鳳

製作／真田武尊

▲龍鳳と祥鳳型を比べた時にパッと見で一番わかりやすい違いが舷側のバルジの有無。祥鳳では高速船形そのままであったが、龍鳳では大きなバルジを追加され、復元性を向上された

羅針艦橋（航海艦橋）を飛行甲板上に設けない、いわゆる平甲板型の軽空母としては龍鳳と祥鳳型は非常に似通った外観をしているが、よく見るとところどころに両者を見分けるアイコンがちりばめられていることに気づく。まず飛行甲板の様子を見比べてみると、2基ある昇降機（エレベーター）のうち龍鳳の後部のものは装備位置が祥鳳型に比べてかなり艦尾寄りになっている（祥鳳型では艦尾から1/3くらいの位置にある）。また前部昇降機の前に設けられている遮風索も祥鳳型に比べ随分と前方に設けられていることがわかる。そして船体を見た時に気づくのは大きなバルジがあるかないかという部分。もともと船体の大きさが剣埼型より若干大きかった大鯨には、空母改装にあたりバルジが設けられ、側面から見た際に両者を見分ける大きなポイントとなっている。これらの特徴はじつはある理由によって成り立っている。大鯨／龍鳳は当初から飛行甲板を強度甲板（箱型構造にして船体強度を高めるためのもの。祥鳳型のように通常は上甲板が強度甲板になり、飛行甲板にはエクスパンションジョイント／伸縮継手が設けられるのが慣例）として建造していたからだ。このため、後部昇降機は強度甲板後方に設けるしかなく、遮風索もそれを避ける位置にまで前進している。バルジを設けられたのもトップヘビーを軽減するためだった。

潜水母艦状態で就役した大鯨

日本海軍における潜水母艦という艦種は、前進泊地において潜水艦に対する一般的な補給を行なったり、乗員の休養施設（入浴など）として使うためのものだったが、時には潜水戦隊旗艦を勤めることもあった。空母改装を狙い、潜水母艦を隠れ蓑に建造された大鯨はおよそそれまでの同艦種の常識を覆すような外観（だいたいは商船形だった）を有し、下の作例を見てもわかるように「艦橋と煙突、マストを取っぱらって前後に飛行甲板を伸ばせばすぐ空母になるね！」と理解できる。ただ実際に1941年12月に空母改装が始まると、竣工時から不調だったディーゼルエンジンを陽炎型駆逐艦と同様の蒸気タービンエンジンに換装する作業や、ドゥーリットル空襲の損傷修理に時間を取られ、1年近くがたった1942年11月に工事完了と思わぬ展開となった。そうは問屋が卸さないのだ。

航空母艦龍鳳模型紹介 建造

フルハル、洋上模型が 選択可能なピットロード

同型艦がなく、母艦として参加した海戦はマリアナ沖海戦の一度しかないという龍鳳のキット化は艦船モデラーにとって長い間の悲願のひとつであったが、2012年にそれを成就させてくれたのがピットロードのこのキット。1942年11月の空母改装直後の姿「短甲板」と、マリアナ沖海戦後に飛行甲板を延長し、噴進砲や機銃を増備した姿「長甲板」の2種がラインナップされている。これでマリアナ沖海戦に参加した空母9隻がそろえられるようになった。価格は4000円

3つの年代で発売されたフジミ

ピットロードと同時期に新開発／新発売のリリースがされたフジミの龍鳳は、2012年以降、じつに3種がリリースされた。ひとつは空母改装直後の1942年の状態を、ひとつはマリアナ沖海戦時の1944年の状態を、ひとつは飛行甲板を延長し、噴進砲などを増備した1945年の状態を再現したものとなっている。ピットロードのキットは船底パーツが付属しておりフルハル、洋上模型両方が製作可能だがフジミキットは洋上モデルのみ、その分価格は税別2800円とリーズナブルだ。ピットロードにはない1944年バージョンは短甲板に対空火器も1942年版と同じだが飛行甲板の隠頭式探照灯が21号電探に置き換わった内容となっている

航空母艦編

提督ならば一度は空母を作るべき！
"軽"からはじまる空母建造ガイド

28ページでは入門編として天津風の作り方を紹介しましたが、ここからは空母の作り方を解説します。巡洋艦などは駆逐艦の応用と考えればOKですが、空母は飛行甲板や艦上機などの新たな要素があります。ここからは龍驤を題材に空母の作り方を紹介します

龍驤(リュウジョウ) 1941 開戦時

龍驤は建造時は1万トン級の小型空母として設計されていた。しかし建造中に「限られた船体に少しでもたくさんの艦上機を搭載する」ことが決まったため、格納庫を一段追加し搭載機を当初の24機から36機へと増やすことが決まった。そのため小さな船体に不釣合いなほど大きな格納庫を備える独特なシルエットを備える空母として完成した

日本海軍航空母艦龍驤
フジミ 1/700 インジェクションプラスチックキット
製作／Takumi明春

> ウチのこと、大切に思ってくれてるん？
> よし、一気に作るで！
> 製作の妖精さん、お仕事お仕事ー！

キットはフジミの「第二次改装時」を使用

▲キットはフジミの特シリーズを使用した。フジミからは龍驤が2種類発売されている。ひとつは第一次改装後の姿を再現したバージョン、もうひとつは1935年ごろの第二次改装後のバージョンでこちらは2010年発売。復元性を改善するために改装された姿を再現するために船体や飛行甲板の一部を新規パーツがセットされているこちらは1936年6月～1942年8月（第二次ソロモン海戦時）の状態を再現している。価格はいずれも税別2800円。今回使用したのは第二次改装後のキット

艦これ はみだしコラム

鳳翔、龍驤が搭載したスタビライザー／車輪式の飛行機を艦上から発着させる航空母艦は、そのためなるべくならば艦の動揺を抑えたいもの。そこで鳳翔や龍驤に搭載されたのがジャイロスタビライザーと呼ばれる装置。これは回転する地球ゴマ（ジャイロ）が一定の方向を保とうとする原理を応用して艦の揺れを抑えるためのものであった。ただ、船というのは本来は波の影響を受けながら行動するものだから、無理にこうした力を吸収するのは何となく乗り心地が悪く、以後の小型空母では搭載されなくなった

まずは船体から作り始めましょ☆

●さてここからは龍驤の製作をはじめます。駆逐艦に比べて格段にパーツ数はたくさんありますが怯まず進めましょう。まずは船体の製作から

▲艦船模型は下から上へと組み上げていくのが基本となります。この龍驤もまずは艦底パーツの切り離しからはじめます。パーツは写真のようにランナーを少し残す位置でゲートを切り離す癖をつけましょう

▲デザインナイフでパーツ側に残ったランナー部分を切り離し整形します(これをゲート処理といいます)。力を入れずに数回にわけて切除するのがコツです。最後は耐水サンドペーパー(やすり)で仕上げましょう

▲船体のゲート処理が完了したら艦底と船体パーツを流し込み系接着剤で張り合わせます。補強リブは左右の位置決めや艦底のの歪みも矯正してくれるありがたいパーツなのでしっかり接着していきます

ひたすら接着&整形

▲甲板はパーツをはめてGSIクレオスのセメントSを流し込みます。このセメントSは毛細効果によりすーっと流れていきます。ただ甲板と船体には指を添えないように。指にも流れてパーツに指紋が残ってしまいます

▲甲板と船体の合わせ目の処理はヤスリで船体の形に合わせて縦方向に削っていきます。ここではウェーブのヤスリスティックを使用しています。そうすることで曲面船体の甲板合わせ目は綺麗に成形できます。

▲船体上部の接着は下船体の位置決めモールドにしっかり合わせてから接着面にセメントSを流し込んでいきます。流し込みが終わったら位置決めをしっかり確認します。わずかな誤差でも飛行甲板パーツがズレてしまうので注意しましょう

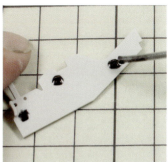

▲飛行甲板の左右の張り出し(スポンソン)の裏には丸い押しピン跡が多数見られます。船体上部の床はよく見ると目立ってしまう。そこでウェーブの黒い瞬間接着剤(以下瞬着)で穴埋めしていきましょう

やんわりスライドや!

▲ヤスリでフラットになるまで削り込みます。なるべく水平にするように意識して板ヤスリを動かします。黒い瞬着を使うのは粘度が高くピンポイントに盛ることができ、なおかつ色がついて形状が把握しやすいためです

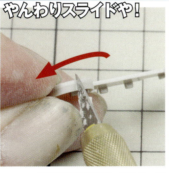

▲飛行甲板の張り出し(ブルワーク)は左右それぞれパーティングラインが確認できる。塗装前は目立たないがスミ入れしたとき浮き出てくるのでデザインナイフの刃を立てて円を描くようにかんな掛けしてしっかり処理します

▲組立を終えた状態。ブルワークにリノリウム色をエアブラシで塗装する場合はまだ船体へ接着せず、自作の粘着作業台(32ページ参照)に並べておくと塗装が楽ちんです。塗り忘れ防止にもなるので一石二鳥です

これが、のばしランナーやね!

▲不要なランナーを炙って作るのばしランナーはディテールアップのほか小さなパーツの接着用の「すくい棒」としても重宝します。パーツ同士のすき間などにのばしランナーで瞬着を少量つけ該当部分に盛りつけます

立体的になったで!

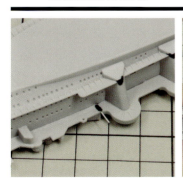

▲大きいすき間には、まず細切りにしたプラ板を差し込んでから黒い瞬着を充填します。瞬着はヒケにくいとはいえたくさん盛り付けると効果に時間がかかったりします。使用はなるべく少量ですませましょう

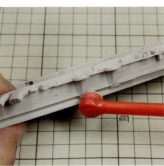

▲瞬着が固まったらGT07 MrポリッシャーPRO に交換耐水ペーパー 400番をセットして盛った部分をたいらに均していきます。力の入れ方次第で、微妙な削りが可能で曲面部分の作業にはもってこいの万能工具です

▲天津風と同様、錨鎖を「アキュレイトチェーン」へ交換して立体的なものにディテールアップしましょう。キットの錨鎖モールドを細めの平ノミで削除します。周囲のモールドを傷つけないように慎重に作業してください

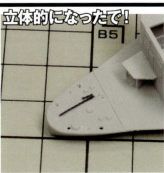

▲削り落とした錨鎖の位置にアキュレイトチェーンを瞬着で接着すればOK。切り出して瞬着で固定するだけだから簡単です。詳しくは31ページの天津風の製作記事に紹介されていますから参照してください

艦これ はみだしコラム スポンソンとブルワーク/空母が他の艦船と大きく違うのは、舷側からスポンソンと呼ばれる機銃座や高角砲座、乗員の待機所などの張り出しが多数ある点。これらは砲座や機銃座の軸受けの部分から舷側に向かって斜めに支基を設けて支えられている。ブルワークはこうしたスポンソンや構造物の外側に設けられた壁上の部分をさす言葉で、艦によっては手摺りの外側にキャンバスを被せてブルワークのようにしている場合もある。波除や風よけの意味合いが強いものだ

煙突の工作！

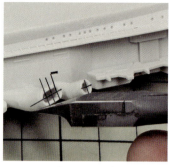
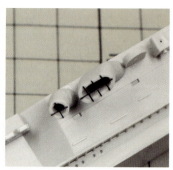

▲煙突もディテールアップしちゃいましょう。キットは雨除け格子がモールドされていますが、かなりおおぶなな上、穴の奥行きも再現されていません。まずはドリルで煙突内部を開口しましょう。一気に太い径のものを使うのではなく数回にわけて広げていきます

▲開口した内部は黒く塗ってしまえばほとんど見えなくなります。セメントSをさっと塗布しておけばケバ立ちが均されます。煙突のエッチングパーツがない場合はのばしランナーで代用可能です。タミヤセメントをちょっとつけたのばしランナーを格子状に貼り付けます

のばしランナー 大活躍!!

▲のばしランナーを貼り付けたらピンセットで水平垂直を整えていきます。格子の位置が決まりましたらGSIクレオスのセメントSを使って強固に接着します。最後にはみ出た部分をニッパーで切除します

▲これで完成。のばしランナーを使ったこういったテクニックはぜひ覚えておきたいところ。余ったランナーは捨てずに各色保管しておけば、ロープ（白いランナー）や舷灯（クリアーパーツ）で成型色を活かして未塗装で自作可能です

船体の塗装に入るよ～

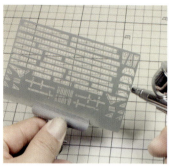

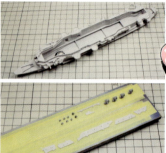

▲ここからはエッチングパーツの使用方法のおさらい。キット付属のエッチングパーツを使います。プライマーを塗布して塗料の定着力を上げれば、ピンセットで持ったときに塗装が剥げるのを防ぎます

▲接着面積が少ない部分は、まず少量のゼリー状瞬着で仮留めしてから、流し込み用瞬着で完全に固着します。艦橋はピンセットで折り曲げて艦体にはめ込んで調整します。位置が決まったらゼリー状瞬着で固定します

▲船体の組み立てとエッチングパーツを貼り付けたら、いよいよ塗装準備。機銃や高角砲、通路などの「まとめて同じ色で塗る」うえに「後で取り付ける」系統のパーツ群は粘着作業台に並べておけば、作業効率がグンと向上します

▲ここから塗装の工程に入ります。まず1000番のサーフェイサーを先に塗装します。サーフェイサーはヤスリがけあとの微小な傷を埋めたり、塗料の食いつきを向上させる効果があるので必須工程といえるでしょう

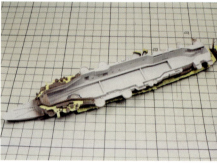

▲先にGSIクレオスの29番、艦底色を塗り、アイズプロジェクトの1mm幅のマスキングテープで艦底色を残す部分をマスキングします。横や縦、いろいろな方向から確認しながら徐々に貼るとまっすぐに貼れます

▲煙突はフラットブラックで塗装します。塗料が乾いたら先端部分のみマスキングします。このとき2本の煙突の黒く残す長さが同じ長さになるように、同幅でマスキングテープを残すことが重要です

▲艦体舷側の張り出し部分をリノリウム色で塗装します。別パーツのスポンソン部分は接着せず作業台に貼り付けたままリノリウム色を塗装。乾いたらひっくり返して裏側に軍艦色を塗装します

▲先にリノリウム色を塗った船体と一体化されている舷側の通路張り出し部分にはこまかく切ったマスキングテープをひたすら貼りつけます。地道な作業でもていねいにやることがキレイな仕上がりにつながります

エッチング、細かいで！

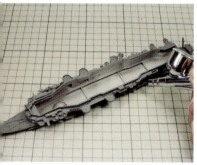

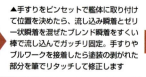

▲マスキングが終わったらいよいよ軍艦色の塗装です。今回はGSIクレオスの32番軍艦色（2）を使用。複雑な形状をしているので、塗り残しがないように注意しながら2～3倍に薄めてエアブラシ塗装。乾いたらマスキングテープを剥がします

▲ここからは手すりのエッチングパーツを取り付けます。ナイフの刃先を押し当ててエッチングパーツを切り離していきますが、固いステンレス製なので5、6回も切り込むと刃先はボロボロになります。刃先はこまめに取り替えましょう

▲エッチングプライヤーでのりしろの部分がはみ出るように手摺りパーツ本体をつかみ、ピンセットの腹ではみ出たのりしろを倒していく感じで折ります。折り曲げたのりしろのうち、両端と間の数ヶ所にゼリー状瞬着を少量つけていきます

▲手すりをピンセットで艦体に取り付けて位置を決めたら、流し込み瞬着とゼリー状瞬着を混ぜたブレンド瞬着をすくい棒で流し込んでガッチリ固定。手すりやブルワークを接着したら塗装の剥がれた部分を筆でリタッチして修正します

艦これ はみだしコラム ｜ 溶接の多用で重量を大幅に軽減?／1929年から1930年にかけて建造された龍驤は、当初は従前の艦艇と同様、鋲接方式で建造が進められていたが、ちょうど溶接方式が大きく進歩した時期と重なり、上甲板以上はほぼ溶接で作ることができた。これだけでも300トンの重量軽減で、14cm砲4門の搭載をやめ、煙突分のバランス用のバラストを節約したこと、スタビライザーの改善などから合計で500トンもの排水量軽減を図ることができたと記録されている。これが意外なノビシロとなり、格納庫の増設に対応できた（45ページ参照）

飛行甲板楽しみ♡

まずカーキ

▲飛行甲板は木目調に塗り分けると模型的な密度感が増します。色は明るい色から暗い色へと塗るのが基本。モデルカステンの「艦船模型用甲板色セット(1)」を使ってみましょう。まずは全体にカーキを吹きます

▲0.4mm幅細切りマスキングテープをカッティングマットに貼りつけ。板目の長さは1/700だとおよそ1cmが適当でしょう。貼り終えたらデバイダーで等間隔に印をつけ、印をもとにステンレス定規をあててカットしていきます

甲板の塗装の順番を図解すると……

赤＝1回目
青＝2回目
緑＝3回目
紺＝4回目

◀飛行甲板は四段階に塗り分けます。細切りのマスキングテープを切り出す際にはナイフの刃は新しいものに交換しておきましょう。ナイフは切れ味が落ちていると、刃にテープがまとわりつくなんてことになりかねません。マスキングは一色塗るごとに少しずつ飛行甲板をランダムに覆うのですがポイントは同じ色がなるべく隣り合うことのないようにすること。板目から3つから4つ分の長さ（3～4cm）おきにテープを貼り付けます。

同じ色が隣り合うことのないように配置！

タン！

ウッドブラウン！

サンディブラウン！

ベリベリ〜♪

▲甲板のモールドに沿って、カットしたマスキングテープを貼ったら、タンで塗装します。このとき、あまりベタッと厚塗りするのではなく、ややムラができるくらいサラリと軽く吹くのがコツ

▲先に貼ったマスキングテープの隣に細切りのマスキングテープを貼りウッドブラウンを塗装、塗料が乾いたら同様にマスキングを重ねて最後にサンディブラウンを塗装します。マスキングテープがあまり等間隔にならないように注意！

▲マスキングテープを剥がします。粘着テープを貼ってまとめてベリベリと剥がしてしまいましょう。剥がし忘れがないように、いろいろな角度から光を当てて、残ったマスキングテープがないように確認しましょう

▲タミヤのスミ入れ塗料（ダークブラウン）でスミ入れ＆ウォッシング。綿棒やティッシュにエナメル塗料の溶剤を含ませて余分な塗料を拭き取ったら飛行甲板が完成です。単色塗装とは一味違う精密感が出ました

▲延々と続いたマスキング作業からの解放されたのもつかの間、今度は艦体色を塗るための準備です。1cm～3cm幅に切ったマスキングテープで飛行甲板の中で木甲板の色味を残したい部分を覆います

▲木甲板部分のマスキングが完了しました。グレーの艦体色で塗装する飛行甲板の周縁部や伸縮継手（鉄の膨張や収縮を吸収するためのもの）、エレベーター、遮風板などはキチンと避けておきましょう

▲飛行甲板後端の艦尾識別帯。ここの仕上げの選択肢はふたつ、デカールor塗装。どちらを選ぶかで難易度が変わりますが、今回はあえて難しい塗装仕上げを選択してみます、まず赤の発色をよくするためツヤ消しホワイトで塗装します

▲乾いたら製品付属のデカールを識別帯のすぐとなりにテープ止め。これがマスキングガイドになります。デカールの白いラインを目安にアイズプロジェクト1.5mmマスキングテープを貼り付けます

▲マスキングテープを貼り終えたらGSIクレオスの79番シャインレッドをエアブラシで塗装。赤はできるだけはみ出さないように細吹きで塗装しましょう。塗装後マスキングテープを剥がします

▲白赤の塗り分けが終了したら、再度赤で塗装した部分を保護します。艦尾識別帯の外周部1mmほどの部分には艦体色がのるので、縁を残すように避けてマスキングテープを貼ります

▲マスキングを終えたらGSIクレオスの32番軍艦色(2)を一気に吹くのですが、甲板の裏もまんべんなく塗っておくのを忘れずに注意してください。は、はやくマスキングテープを剥がしたい！

▲全てのマスキングテープを剥がしたら、艦体色の部分を重点的にダークブラウンでスミ入れ／ウォッシングして完了。エナメルを塗るときは全体のモールドを強調して色調を整える程度で充分です

艦これはみだしコラム　航空母艦の飛行甲板／艦上機が離発着する空母の飛行甲板は、戦艦の上甲板などと同様、チーク材が敷き詰められた木甲板となっている。戦闘艦の甲板に木材を使用するのは断熱効果や滑り止めのためで、空母の場合はこの木甲板の下に薄い鉄製の、格納庫の天井があることになる。もちろん、爆弾が1発でも当たれば飛行機の発着ができなくなり空母としての機能を失失するわけで、ただ、それでも装甲された上甲板で爆弾が爆発すれば艦体自体は沈まないという概念であった。実際翔鶴はそうした状態から復活を果たしている

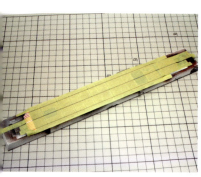
▲ここからは飛行甲板の白線を引きます。まず白線を描きたい部分以外にマスキングします。甲板のモールドを見て中心を決め、約0.8mmの幅を残してまっすぐマスキングします。両サイドの白線も同様ですが、中央のラインからの距離もデカールを参照します

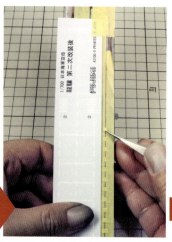
◀▲破線の塗装はデカールをガイドに細切れマスキングテープを3本のラインに貼っていきます。マスキングが終わったらGSIクレオスの62番つや消しホワイトを塗装します。しっかり発色させるために数回にわけて塗装しましょう

▲さらに横方向の白線もデカールをガイドにマスキングします。ここでもキット付属のデカールを有効に活用することで白線の間隔には悩むことなく進められます。一体型デカールは有効に使うべし！

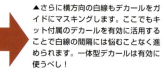

▲横方向のマスキングテープを貼り、曲がってないか、間隔が合っているかを念入りに確認してからGSIクレオスのつや消しホワイトをエアブラシ塗装します。しっかり発色させる必要がありますが、厚塗りしないように注意

「あとひとがんばり！」

▼横方向の白線が塗装できたら、塗膜が剥がれないようにゆっくりと慎重にマスキングテープを剥がします。もし塗装が剥げてしまった場合は極細の筆でリタッチします。出来栄えを確認したら最後の白線塗装までもう一歩です

▲デカールの円形の白線を覆うようにしてマスキングテープを貼り、次にサークルカッターで円の外側と内側をなぞるように切断します。ここで使用するのは外側の枠の部分と、中心の円の部分。その間にある輪の部分は使いません

▲マスキングテープは甲板にある中央の白線といちばん艦尾側の横線が交差する場所を中心にして貼り付けます。ここでマスキングテープがズレないように注意しましょう。位置が決まったらつや消しホワイトで塗装しマスキングを剥がします

「飛行甲板の塗装は終了〜」

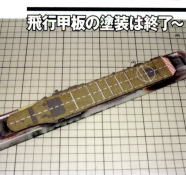
▲これで龍驤の飛行甲板塗装は完成です。またここで付け忘れ、塗り忘れがないかどうかあらためてよく確認してみましょう。もし塗り忘れがあっても、焦らずにリタッチして修正してください

▲飛行甲板は2分割されています。隙間を作らないように甲板の接合部分を支えるガイドを0.5mmのプラ板で製作し、裏からガッチリ接着します。流し込み系接着剤を使用しますが飛行甲板上面に流れないように注意してください

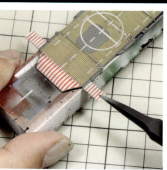
▲艦尾左右に張り出した識別帯のエッチングパーツをゼリー状瞬着で取り付けます。歪んでいると目立つので、ピンセットで慎重に位置決めします。ちなみにこのパーツも艦尾識別帯と同様、白→赤の順に塗装しています

「船体と飛行甲板を接着」

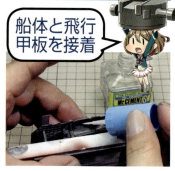
▲先に飛行甲板と船体がうまく接着できるかどうかすり合わせを行ないます。パーツが合わなければ船体側を調整します。問題なければGSIクレオスのセメントSを使ってモリモリ接着しましょう

「リタッチすると意外とわからんよ」

▲接着後、矢印の部分に隙間が生じます。本来ここは甲板とつながっている部分なので、すくい棒を使って黒い瞬着で隙間を埋めます。硬化後はデザインナイフで整形し、耐水サンドペーパー（紙ヤスリ）で表面を整えます

▲表面を整える際には周囲のパーツを破損しないように気をつけてください。修正した箇所はちょっと違和感を感じるかもしれません。しかし、筆で艦体色をリタッチしたあとに汚し作業も行なえば、かなり目立たなくなります

▲続いて艦体側面に汚れをつけていきます。薄め液をしみ込ませた筆にタミヤスミ入れ塗料ダークブラウンをつけて上下に筆を動かし海水の汚れを表現。錆だれにはエナメル系塗料のハルレッドを使います

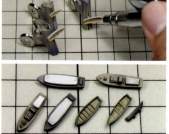
▲ボート類は甲板塗装と並行して進めるといいでしょう。白線のつや消しホワイトを吹くついでに内火艇の幌なども塗装しちゃいます。カッター内部などの細かな部分は筆塗りで塗装しておきます

艦これはみだしコラム　ちっちゃくても正規空母の意地／飛行甲板上に艦橋を持たない平甲板型空母の龍驤は、さすがに29ノットを発揮する正規空母。開戦時には特設空母春日丸（のち大鷹と改名）と第四航空戦隊を編制していたが、春日丸が低速なため艦隊に随伴できないのを尻目に、猛将角田覚治少将の座乗のもと単艦でフィリピン攻略部隊に参加し、開戦当日の1941年12月8日にはフィリピンのダバオ空襲を実施して大きく気を吐いている。アリューシャン作戦（ミッドウェー作戦の牽制）では隼鷹を率いて第二機動部隊旗艦を勤めているのだ

艦上機は見せ所！
ガンバローね！

●ここからは艦上機を製作します。せっかく作った空母。飛行甲板を彩る搭載機もていねいに工作したいですね

▲キット付属の艦上機はクリアーパーツ製ですが見づらくゲート処理がしにくいので、まずサーフェイサーを吹きつけます。小さいパーツなのでランナーから切り出さないままナイフでカンナがけします

▲プロペラや主脚をエッチングパーツに置き換えるため、まずはスピナーと主脚を切断。スピナーは後ほど再利用するので保管しておきましょう。切り口を目安に、主脚のエッチングパーツをゼリー状瞬着にちょんと付けて接着します

▲プロペラのエッチングパーツは非常に小さいのでなくさないように注意しましょう。自作の粘着作業台に貼り付けて塗装します。まずは塗料の食いつきをよくするためサーフェーサーを吹いてから裏表に塗装を施します

独特なシルエットやろ〜？
短い期間に二回も大改装を
受けたんやで

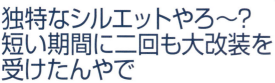

日本海軍航空母艦龍驤
フジミ 1/700
インジェクション
プラスチックキット
製作／米波保之（1933）、
打木進太郎（1934・1935）

1933

建造中に搭載機数を当初の1.5倍、36機に増強することとなってしまった。そのため格納庫を1層から2層へと追加、乾舷の低い船体に比べて異常に大きな格納庫を備える空母となってしまった

龍驤は対空火器も欲張ったものだった。新型の12.7cm連装高角砲を6基搭載。これは赤城や加賀よりも強力なものだった。第一次改装時に高角砲は2基撤去された

煙突は新造時は下段の格納庫の高さに設置されていたが改装後は高い位置に変更された。これは艦体が傾斜した際に煙突から水が流入することを避けるため

格納庫が追加されたため重心が上がり復元性不足が心配されたため艦体にバルジを追加された。防御力は弾薬庫のみ重巡なみの装甲が施されていたが機関部などは駆逐艦からの砲撃に耐えられる程度のものにとどめられた

1934

飛行甲板は第一次改装時の段階では新造時とほとんど変わっていない。飛行甲板の長さは鳳翔より10m以上短く運用上不便だった

当初より復元性不足が指摘されていた龍驤は友鶴事件により、バルジを大型化、船底にバラストを追加するなどの大規模な改修が施された

龍驤の艦橋は飛行甲板前端の下部に設置されていた。これは同じく小型空母の鳳翔の島型艦橋が不評だったからで、飛行甲板を広く取ることができるためのちの小型空母でも同じ位置に艦橋は設置されることとなる

1935

前年の第一次改装で復元性は改善された龍驤が翌年台風によって損傷を受けたことに海軍は衝撃を受けた。龍驤は格納庫後端には航空機搬入用の大型の扉が設けられていたがその扉が波によって破壊され海水は格納庫に流入している。そのため格納庫後部の扉は閉鎖され航空機の搬入は甲板上のクレーンで行なうこととなった

第四艦隊事件で艦橋が台風により圧壊した龍驤は形状を修正し小型化された。この艦橋の形状修正に伴い飛行甲板の形状も修正されている

第二次改装では飛行甲板前方先端の形状が修正された。これは波浪により前端の飛行甲板が損傷することを避けるためと少しでも重心を下げる効果を狙ってのものだった

そもそも日本海軍では赤城、加賀のような大型空母の保有は考えておらず、八八艦隊計画では鳳翔に続くものとして1万トン程度の小型空母を予定していた。ワシントン軍縮条約によって思いもかけず大型空母を手に入れたのだ。しかし当初はこの大型空母の運用は持て余すような存在で、それに続く龍驤はその本来の空母整備計画に回帰する小型空母として設計された。1万トン未満の艦は軍縮条約の制限外であるという部分も考慮されて起工されたのだが、建造途中の1930年にあらたに締結されたロンドン軍縮条約では1万トン未満の艦も空母割当枠に含まれることが決まった。そのため日本海軍は急遽、龍驤の設計をあらため格納庫を1段追加し、搭載機を24機から36機へと増加させた。しかしこの改設計のため重心が高くなり復元性は悪化することになってしまい、就役直後に2度の改装を実施する必要が出た。改装後はそれなりに安定した性能を見せたが大型機の搭載ができないなど不満も多い空母だった。

太平洋戦争では緒戦では龍驤は九六式艦戦と九七艦攻を搭載し、大型空母が真珠湾攻撃などに参加する中、南方攻略部隊唯一の空母として活躍した。さらにそれに続く蘭印作戦、インド洋作戦では重巡鳥海、最上型4隻などとともに馬来部隊を編成し多数の商船などを撃沈するという大戦果をあげた。

その後、内地で整備したのちアリューシャン作戦に参加したものの主力の南雲艦隊がミッドウェー海戦で大敗を喫したため撤退した。

赫々たる戦果をあげた歴戦の龍驤だったがソロモンを巡る戦い、第二次ソロモン海戦において敵空母部隊の集中攻撃を受けガダルカナル島北方で沈没していった。

1933
龍驤の船体は青葉型重巡の船体を参考にしている。凌波性を向上させるために艦首は鋭角で大きなフレアを持ったものとされている

1934
当初よりトップヘビーが問題視されていた龍驤は友鶴事件の対策としてバラストの追加により乾舷を下げるなどの大規模な改装が実施されている

1935
第一次改装により問題点は改修されたはずだったが翌年の台風で艦首が圧潰するなど損傷した。そのため艦首甲板を一層増やすなどの変更が施されている

▲龍驤の零戦は機体の上下ともに明灰白色なので注意。零戦に緑の迷彩が施されたのは1943年4月の母艦艦上機をラバウルに派遣して運用したい号作戦以降のことで、陸上基地に配備する関係上、緑に迷彩を施したのが最初のケースです

▲もうひとつの艦上機、九七艦攻も塗装しましょう。九七艦攻は、自作粘着作業台に貼り付ける面積の少ない下面から塗装を始めます。九七艦攻の下面は塗装されていなかったため銀色です。GSIクレオスの8番シルバーで塗装します。

▲下面が乾いたら上面を塗装します。写真のように片翼を固定し暗緑色で塗装します。開戦時から空母の九七艦攻は緑色の迷彩が施されていました。主翼前縁の黄色い味方識別用の黄色い帯は塗装されていません

▲エアブラシによるおおまかな機体全体の塗装が終わったら次は細部に移っていきます。まずカウリングから塗装しましょう。キットのカウリングのモールドにそってつや消し黒を極細筆で塗装します

▲次はデカールを貼っていきましょう。国籍マークは失敗してもダメージの少ない下面から始めます。そのままだとうまくなじまないので機体側に少量のマークセッターをつけてから貼り付け。最後に細めの綿棒で余分な水分を取り除きます

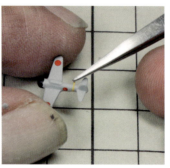
▲零戦の胴体の識別帯は黄色いデカールを縦長に細く切ってそれを巻き付けることで表現します。デカールがなければ筆塗りでも塗装可能ですが、仕上がりと精度はデカールのほうが上！ なにより楽ちんです

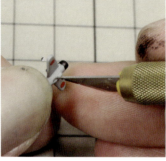
▲キャノピーは塗装したあとにデザインナイフの刃先でカンナがけをし、塗膜を削り落とします。キットはクリアーパーツで成型されていますのでこれで簡単にキャノピーとなります。あまり力を入れず塗膜のみを剥がしていきましょう

▲実機では主翼の塗装が剥がれて銀色の地肌がむき出しになっている様子が見てとれます。これは戦車模型でおなじみの筆先を使ったスプラッシュ技法で一気に。筆先にエナメルの銀色を軽く付け指先で弾くようにします

▲塗膜を削り落としたキャノピーはそのままだと半ツヤ状態です。ここはクリアーブルーかクリアーグリーンを細筆で塗りましょう。キャノピーにツヤが出て成型色のクリアーパーツが活きてきます

▲スピナーとプロペラ軸を取り付けます。零戦のスピナーは先ほどキットから切除し、保管していたものをゼリー状瞬着で接着します。九七艦攻のプロペラ軸はのばしランナーで自作し、筆でリタッチすれば完成です

▲いよいよ艦上機を飛行甲板に接着します。エッチングパーツの主脚の車輪部分（接地面）にゼリー状瞬着を少量付けます。たっぷりつけると接着面が白化する可能性があるので注意したいところです

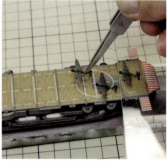
▲艦上機を飛行甲板に接着する際は後ろから乗せます。数が多い場合は一回甲板に並べて位置確認するようにしましょう。順番は重い艦攻がいちばん後ろで艦戦が前となります。今回は数が少ないので少し間隔を空けて接着。

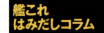
張り線で精密感がアップ↑★

▲空中線を張るときはマストをすべて接着してから作業します。今回使用したようなエッチングパーツのマストは接地面積があまりなく、とくに壊れやすい場所なのでガッチリ接着しましょう

▲空中線の長さを測ります。距離の長い横方向は写真のように定規をあてて長さを測りましょう。空中線は天津風でも紹介した「メタルリギング0.1号」を使用します。横方向は距離があるのでたるみ部分も考慮して3mmくらい長くカットします

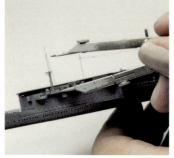
▲距離の短い縦方向はデバイダーで長さを測ります。このマストのような入り組んだ場所を定規で測るのは誤差が大きくなりがちです。このような場所の長さを測るのにデバイダーが一本あれば便利でしょう

▲空中線にある碍子は、のばしランナーですくったゼリー状瞬着を0.2mmくらいの水滴状に付けて再現。硬化したら筆でツヤ消しホワイトにちょん付け塗装します。空中線が外れないようにやさしくしてね

艦これはみだしコラム　龍驤飛行機隊の搭載機／太平洋戦争開戦時の龍驤の搭載機は九六艦戦18機と九七艦攻12機。この陣容でダバオ空襲のあと蘭印攻略作戦に参加し、4月に内地へ帰還して零戦21型16機、九七艦攻21機に更改し、アリューシャン作戦へ参加。これら龍驤搭載機は胴体に黄色い帯を1本巻き、四航戦1番艦（龍驤のこと）の所属機であることを示していた（2番艦は2本となる）。なお、尾翼には赤い字で龍驤所属を示すDI-と、そのあとに戦闘機であれば100番台、艦攻であれば300番台の数字を表記する

「まるで旗が風になびいているの！」

●色味に乏しい艦船模型では旗はワンポイント目を惹く存在。キットにはデカールがセットされていますがこれをそのまま貼ったのでは、完成後、パリパリに乾いて粉々に割れてしまう危険性もあります。ここでは風にたなびく旗の作り方を解説しましょう

▲旗の芯にはMODELER'Sのメタルックを使用します。メタルックはのりが付いたシール状の極薄金属箔です。デカールは余白がでないようにデザインナイフでていねいに切り取ってください

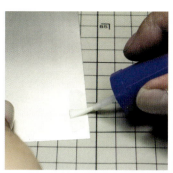
▲メタルックの上にデカールを貼るのですが、まずはデカールが密着するようにGSIクレオスのMr.マークセッター（デカール軟化剤が少量入ったデカール用のり）をメタルックののり面に塗っておきましょう。

▲先ほどマークセッターを塗ったメタルックにデカールを貼ります。写真のように半分ずらすように貼るのがコツです。位置決めはメタルックの端がデカールの折り曲げ線と揃うようにしてください

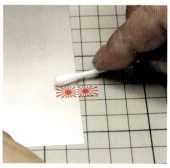
▲デカールをメタルックにのせたら綿棒でデカールの水分を外側に追い出します。マークセッターはデカールを柔らかくする成分がはいっているため乱暴に扱うとデカールが破れてしまいます。新しい綿棒でゆっくり作業してください

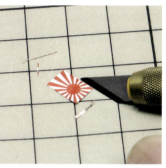
▲デカールを折り返して周囲の余分な部分をデザインナイフでトリミングします。メタルックは薄いとはいえ金属箔なのでデザインナイフは新しい刃を使用しましょう。メタルックを切り出したらもう一度綿棒でデカールを抑えて密着させます

▲デカールの水分が乾いたらピンセットでシワをつけていきましょう。旗竿側（日の丸が寄っている側）のシワは小さめにして、反対のシワは大きめにすると自然に風にたなびいているように見えます

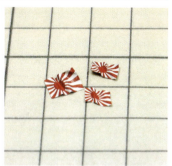
▲完成した旗はこのようになります。完成したら瞬着で旗竿に固定します。メタルックが入手できない場合は薄めの金属箔で代用しましょう。その場合はマークセッターを多めに使用してください。

龍驤 1941 開戦時

「どうやった～？こうやって完成した姿を見るとうちに惚れなおすんのとちゃう？」

蘭印攻略作戦で大活躍した軽空母

出撃

太平洋戦争開戦時、主力空母は南雲艦隊に集中配備される中、龍驤は貴重な軽空母として南方攻略作戦、蘭印攻略作戦などで活躍した。とくに蘭印作戦とそれに続くベンガル湾機動作戦では日本海軍唯一ともいえる水上艦艇による大規模な通商破壊作戦に参加、のちに日本空母部隊の司令長官となる小沢治三郎中将率いる馬来部隊（第一南遣艦隊）の中核となった。この馬来部隊は軽空母龍驤、重巡鳥海、最上、三隈、熊野、鈴谷、軽巡由良、駆逐艦3隻からなり三隊に分かれて行動する。艦隊は4月1日から11日のベンガル湾機動作戦で30隻近い連合軍商船を撃沈破するという大戦果をあげている

航空母艦編
艦上機・艦載機

単なる艤装じゃない！ むしろ私こそが主役

空母の存在意義はその搭載機にあり！　艦隊防空や攻撃編隊の護衛を担う艦上戦闘機、急降下爆撃により敵の対空火器などを殲滅する艦上爆撃機、一撃必殺の魚雷や大型爆弾により敵艦にトドメを差す艦上攻撃機、高速で艦隊の目となる艦上偵察機などが存在します。ちなみに日本海軍では空母に搭載するのが艦上機、戦艦や巡洋艦に搭載する水上機を艦載機と区別していました。知っていました？

艦上戦闘機

傑作艦上戦闘機もゲームではすでに旧式戦闘機　　九六式艦戦

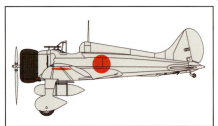

零戦を開発した堀越二郎技師の代表作のひとつで、日本海軍初の全金属製単葉艦上戦闘機として大成したもの。活躍したのは日中戦争時だが、開戦時にはまだ龍驤などで使用されており、フィリピンのダバオ空襲などで活躍した。イラストは九六式四号艦戦。
武装：7.7㎜機銃×2（機首）

序盤でお世話になる名機　　零式艦上戦闘機

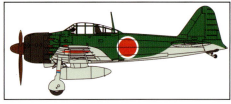

いわずとしれた日本海軍、もとい、日本の誇る艦上戦闘機で、空母だけでなく陸上の航空基地にも展開し（むしろこのほうが多い）太平洋を縦横無尽に戦った。真珠湾攻撃など緒戦時に主力となったのは航続力が長く、空母に格納する際に便利なように翼端が折りたためるのが特徴の21型だった。空母飛行隊では1943年夏頃まで長らくこの21型が使い続けられ、以後一気に52型へ置き換えられた。52型は翼端の折りたたみを廃止して主翼を短縮、さらに丸く成型し、ロケット排気管を導入するなどして最高速度、急降下制限速度が大幅に向上した。イラストはその52型（中島飛行機でライセンス生産された機体）。
武装：7.7㎜機銃×2（機首）、20㎜機銃×2（主翼）
※21型、52型とも

対空戦闘も可能なマルチロール機　　零式艦戦62型

52型の武装を強化したタイプに52丙型があり、その機体強度を増して戦闘爆撃機としての性能を向上させたのが62型だ。両者の外観上の違いは胴体右側のメタノールタンク用明かり取り窓の有無で、じつは1945年中には結構な数の62型が実戦に投入されている。

艦上爆撃機

九七式艦攻とともに序盤の機動部隊の中核　　九九式艦爆

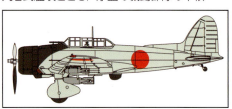

アメリカ海軍のSBDドントレス、ドイツ空軍のJu87スツーカとともに急降下爆撃機の代名詞ともいえるのが本機。本来の目的である対艦攻撃でその攻撃力を存分に示したのは太平洋戦争が始まって以降のことで、実際、単一機種としてもっとも多くの連合軍艦船を撃沈した飛行機として戦史に刻まれている。反面、アメリカ側の迎撃態勢が整うと、驚くほど脆弱性を露呈した。1942年10月の南太平洋海戦までの艦隊決戦で活躍したのがイラストの11型で、1943年から22型に改変されていた。この22型は彗星が実用化されるまでの間に合わせという位置付けだった。
武装：7.7㎜機銃×2（機首）
爆弾：250kg×1（胴体下）、60kg×2（主翼）

零戦と烈風のつなぎ的存在だが実力は充分　　紫電改二

大戦末期にさっそうと登場し、日本海軍最強戦闘機の呼び声も高い本機。「改二」の名の通り、「紫電改一」という機体が存在し、これを艦上機化したものだ。史実では空母から作戦こそ行なっていないが、空母信濃に発着艦したエピソードを残している。
武装：13.2㎜機銃×2（機首）、20㎜機銃×4（主翼）

「艦これ」界の主力戦闘機。制空任務はお任せ　　烈風

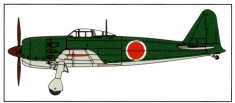

零戦の後継機として鳴り物入りで三菱重工で開発されながら、ついに実用化にこぎ着けなかった新鋭艦上戦闘機。やはり堀越二郎技師の設計主務による機体で、海軍側が指定した「誉」エンジン搭載による試作はものにならず、三菱製の新開発エンジン「MK9A」を搭載してようやく要求性能をクリアしたが、時すでに遅く、大量生産に移行する前に終戦を迎えた。とはいえ本機に搭乗したテストパイロットの評価は高く「烈風200機を整備すれば、現戦局をくつがえすことができる」といわしめたほど。機体サイズは九七式艦攻とほぼ同様で、戦闘機としては大柄な機体であった。
武装：13.2㎜機銃×2、20㎜機銃×2（いずれも主翼）

ごくわずかしか配備されていないレア戦闘機　　震電改

史実では昭和20年6月に試作1号機が完成し、8月にようやく初飛行したという機体だが、エンテ翼の機体後部に大径プロペラを搭載した本機の姿は古くから高い人気を得ている。搭載エンジンは烈風と同系列の「MK9D改」。
武装：30㎜機銃×4（機首）

期待の新鋭高速艦爆　　彗星

零戦をしのぐ最高速度を誇り、胴体内に500kg爆弾を抱いての急降下爆撃が可能という本機が艦隊決戦に参加したのは、その試作機がミッドウェー海戦に偵察機としてのこと（ただし、このときの搭載爆弾は250kg1発で、主翼下には増槽を搭載）。レイテ沖海戦では偵察機として瑞鶴に搭載されているので、これが艦爆として参加した最初で最後の海戦となった。空母に搭載されたのは11型と12型のみ（イラストは12型）。
武装：7.7㎜機銃×2（機首）、同旋回機銃×1
爆弾：500kg×1・あるいは250kg×3、60kg×2

個人名のつけられた部隊の由来

艦これ上で、飛龍や蒼龍がレベルアップした時に登場する九九艦爆&彗星の「江草隊」、ならびに九七艦攻&天山の「友永隊」とは指揮官の名に由来するもの。江草隊のモデルとなったのは、海軍急降下爆撃隊の創設期から開発に携わり、真珠湾攻撃や蒼龍爆撃隊を率いていた江草隆繁少佐だ。若い頃からカイゼル髭をたくわえた偉丈夫で、"艦爆の神様"として全軍に知られた大人物であった。インド洋作戦でイギリス海軍の巡洋艦ドーセットシャー、コーンウォールをわずか20分で撃沈したのは江草少佐の日頃からの不断の指揮によるところが大きい。友永隊はミッドウェー海戦での空母ヨークタウンへの片道攻撃で知られる、飛龍艦攻撃長の友永丈市大尉をモデルとするもの。太平洋戦争でこそミッドウェー作戦が初参加となった友永大尉だが、すでに大陸での航空作戦に携わったことのある老練な指揮官であった。今後も同様に著名な指揮官の名をつけた部隊（ゲーム上では装備品という扱いだ）が、登場するようになるのかもしれない！？